BAND EINS

GRUNDLEGENDE ELEMENTE *des* CHRISTENLEBENS

WITNESS LEE & WATCHMAN NEE

Living Stream Ministry
Anaheim, California • www.lsm.org

Ausgabe für die Massenverteilung Mai 2003

ISBN 978-0-7363-2291-1

Übersetzt aus dem Englischen
Originaltitel: *Basic Elements of the Christian Life, vol. 1*

(German Translation)

Kostenlose Verteilung durch:

Rhema
P.O. Box 31651, Seattle, WA 98103 U.S.A.

Für Informationen über Zweigniederlassungen siehe letzte Seite.

Herausgeber:

Living Stream Ministry
2431 W. La Palma Ave., Anaheim, CA 92801 U.S.A.
P. O. Box 2121, Anaheim, CA 92814 U.S.A.

Gedruckt in Indien

INHALT

VORWORT

Dieses Buch besteht aus fünf Kapiteln, die einige der anfänglichen und sehr grundlegenden Elemente des Christenlebens beschreiben. Im ersten Kapitel wird das Geheimnis des menschlichen Lebens untersucht und offenbart, wie man ein Gläubiger an Christus wird. Die folgenden vier Kapitel sprechen über: 1. Die Gewissheit, Sicherheit und Freude unserer Errettung in Christus; 2. unsere anfängliche und fortlaufende Erfahrung des kostbaren Blutes Christi, das uns von jeder Sünde reinigen kann; 3. unseren täglichen Genuss von Christus durch das Anrufen des Namens des Herrn und 4. den Schlüssel zur Erfahrung Christi – unser menschlicher Geist.

Alle Bibelzitate der deutschen Ausgabe basieren auf der Elberfelder Übersetzung, revidierte Fassung, 3. Sonderauflage 1992. © 1985 R. Brockhaus Verlag Wuppertal und Zürich, außer gelegentlichen Angleichungen, die vorgenommen wurden, um den Urtext besser widerzuspiegeln.

Kapitel Eins

DAS GEHEIMNIS DES MENSCHLICHEN LEBENS

Hast du dich je gefragt, warum du auf dieser Welt bist und was der Sinn deines Lebens ist? Es gibt sechs Schlüssel, die dieses Geheimnis aufschließen.

1. Der Plan Gottes

Gott möchte Sich durch den Menschen zum Ausdruck bringen (Röm. 8:29). Zu diesem Zweck schuf Er den Menschen in Seinem eigenen Bild (1.Mose 1:26). Genauso wie ein Handschuh im Bild einer Hand gemacht ist, so ist auch der Mensch im Bild Gottes gemacht, um Gott zu enthalten. Indem der Mensch Gott als seinen Inhalt aufnimmt, kann er Gott zum Ausdruck bringen (2.Kor. 4:7).

2. Der Mensch

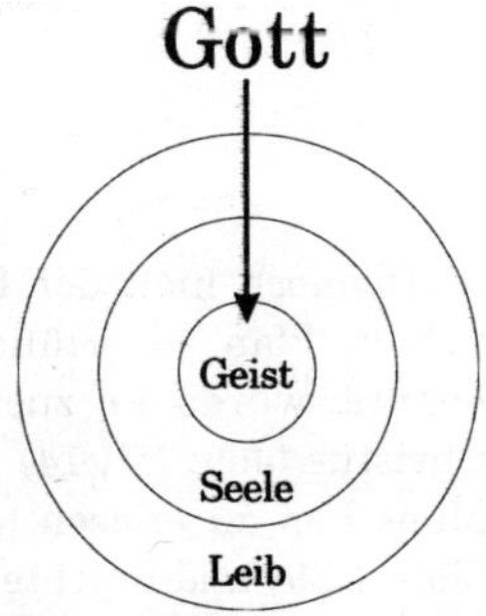

Gott machte den Menschen als ein Gefäß, um Seinen Plan zu erfullen (Röm. 9:21–24). Dieses Gefäß besteht aus drei Teilen: Leib, Seele und Geist (1.Thess. 5:23). Der Leib kann die Dinge des physischen Bereichs berühren und aufnehmen. Die Seele, d.h. die psychologische Fähigkeit, kann die Dinge des psychologischen Bereichs berühren und aufnehmen Und der Geist, der innerste Teil des Menschen, wurde geschaffen, um Gott Selbst zu berühren und aufzunehmen (Joh. 4:24). Der Mensch wurde also nicht nur geschaffen, um Nahrung in seinem Magen oder Erkenntnis in seinem Verstand zu enthalten, sondern um Gott in seinem Geist zu enthalten (Eph. 5:18).

3. Der Fall des Menschen

Doch bevor der Mensch Gott als Leben in seinen Geist hinein aufnehmen konnte, kam die Sünde in ihn hinein (Röm. 5:12). Die Sünde tötete den Geist des Menschen ab (Eph. 2:1), machte ihn zu einem Feind Gottes in seinem Verstand (Kol. 1:21) und entstellte seinen Leib, so dass er zum sündigen Fleisch wurde (1.Mose 6:3; Röm. 6:12). Auf diese Weise beschädigte die Sünde alle drei Teile des Menschen und entfremdete ihn von Gott. In diesem Zustand konnte der Mensch Gott nicht aufnehmen.

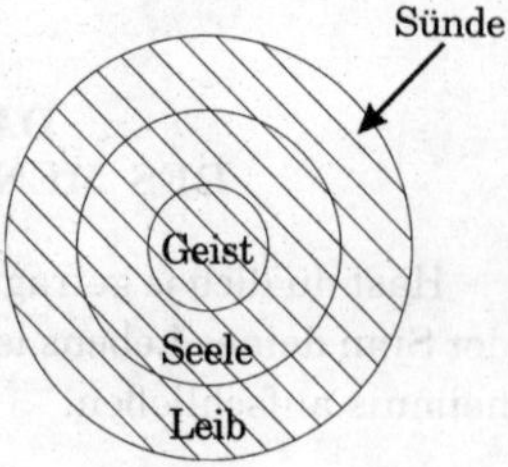

4. Die Erlösung durch Christus für die Austeilung Gottes

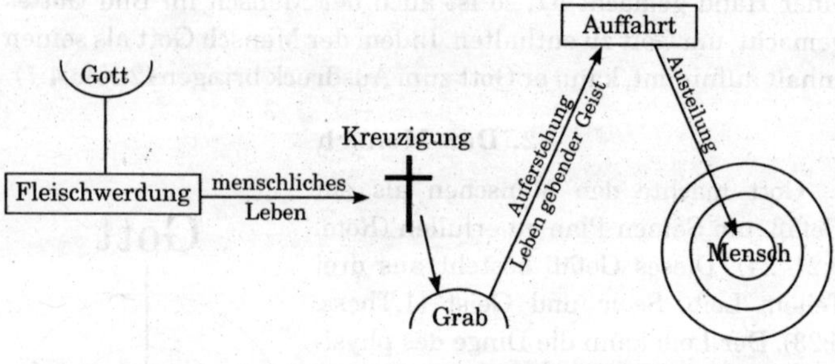

Dennoch hielt der Fall des Menschen Gott nicht davon ab, Seinen Plan zu erfüllen. Damit Gott Seinen Plan ausführen konnte, wurde Er zuerst ein Mensch mit dem Namen Jesus Christus (Joh. 1:1, 14). Dann starb Christus am Kreuz, um den Menschen zu erlösen (Eph. 1:7), nahm so seine Sünde hinweg (Joh. 1:29) und brachte ihn zu Gott zurück (Eph. 2:13). Schließlich wurde Er in Seiner Auferstehung zum Leben gebenden Geist (1.Kor. 15:45), so dass Er Sein unausforschlich reiches Leben in den Geist des Menschen hinein austeilen kann (Joh. 20:22; 3:6).

5. Die Wiedergeburt des Menschen

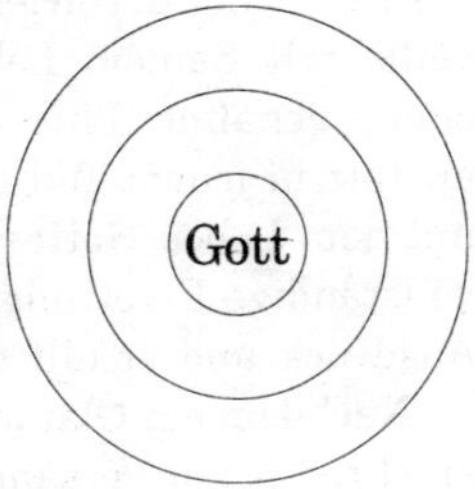

Da Christus zum Leben gebenden Geist geworden ist, kann der Mensch jetzt Gottes Leben in seinen Geist hinein aufnehmen. Die Bibel nennt dies Wiedergeburt (1.Petr. 1:3; Joh. 3:3). Um dieses Leben aufzunehmen, muss der Mensch vor Gott Buße tun und an den Herrn Jesus Christus glauben (Apg. 20:21; 16:31).

Um wiedergeboren zu werden, komme einfach mit einem offenen und ehrlichen Herzen zum Herrn und sage zu Ihm:

Herr Jesus, ich bin ein Sünder. Ich brauche Dich. Danke, dass Du für mich gestorben bist. Herr Jesus, vergib mir. Reinige mich von allen meinen Sünden. Ich glaube, dass Du von den Toten auferstanden bist. Ich nehme Dich gerade jetzt als meinen Retter und als mein Leben auf! Komm in mich hinein! Erfülle mich mit Deinem Leben! Herr Jesus, ich gebe mich Dir für Deinen Vorsatz hin.

6. Die volle Rettung Gottes

Nach der Wiedergeburt muss ein Gläubiger getauft werden (Mk. 16:16). Dann beginnt Gott einen Prozess, der das ganze Leben dauert, in welchem Er Sich als Leben vom Geist des Gläubigen aus in seine Seele hinein ausbreitet (Eph. 3:17). Dieser Prozess, der Umwandlung genannt wird (Röm. 12:2), erfordert die Mitarbeit des Menschen (Phil. 2:12). Der Gläubige arbeitet mit dem Herrn zusammen, indem er es dem Herrn erlaubt, Sich in seine Seele hinein auszubreiten, bis alle seine Wünsche, Gedanken und

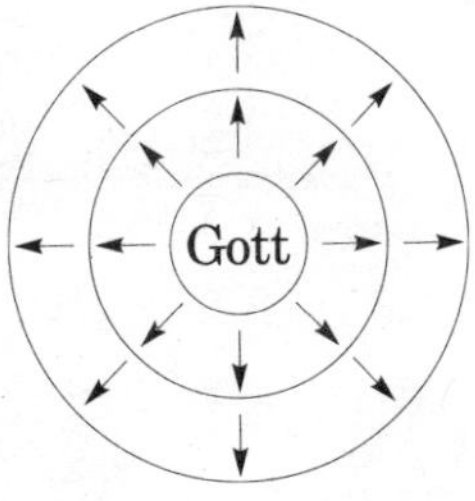

Entscheidungen eins werden mit denen von Christus. Schließlich wird Gott bei der Wiederkunft Christi den Leib des Gläubigen völlig mit Seinem Leben durchsättigen. Dies wird Verherrlichung genannt (Phil. 3:21). Auf diese Weise wird der Mensch, anstatt in jedem Teil seines Seins leer und beschädigt zu sein, mit dem Leben Gottes erfüllt und durchsättigt. Dies ist Gottes vollständige Errettung! Solch ein Mensch bringt jetzt Gott zum Ausdruck und erfüllt so Gottes Plan!

Nachdem ein Gläubiger dieses Leben empfangen hat, muss er an christlichen Versammlungen teilnehmen, um mit dem Leben Gottes genährt und versorgt zu werden, damit er in diesem Leben wachsen und zur Reife kommen kann. In der Gemeinschaft mit anderen Gläubigen im Leib Christi kann ein Gläubiger den Reichtum der Gegenwart Christi genießen.

Kapitel Zwei

DIE GEWISSHEIT, SICHERHEIT UND FREUDE DER ERRETTUNG

DIE GEWISSHEIT DER ERRETTUNG

Hast du erst vor kurzem in deiner Erfahrung Christus aufgenommen, dann hast du vielleicht schon erlebt, dass du die Wirklichkeit jener Erfahrung angezweifelt hast; das heißt, du stelltest in Frage, ob du wirklich gerettet bist. Aber ohne die tatsächliche Gewissheit der Errettung als festes Fundament ist es für einen neuen Christen schwierig, zu wachsen und die tieferen Wahrheiten des Christenlebens zu erfahren. Dennoch offenbart die Bibel, dass es möglich ist, ganz sicher und vorbehaltlos zu wissen, dass du gerettet bist. Wie ist das möglich? Lasst uns 1. Johannes 5:13 lesen:

Dies habe ich euch geschrieben, damit ihr wisst, dass ihr ewiges Leben habt, die ihr an den Namen des Sohnes Gottes glaubt.

Es heißt weder „damit ihr *meint*“, noch „damit ihr *hofft*“, sondern „damit ihr *wisst*.“ Wir brauchen nicht bis zu unserem Tod zu warten, bis wir es herausfinden, sondern diese Gewissheit können wir vielmehr schon heute genießen.

Wie können wir die Gewissheit der Errettung bekommen? Es gibt drei Wege:

Gott sagt es

Der erste Weg, um zur Gewissheit der Errettung zu gelangen, ist Gottes Wort. Während das Wort des Menschen nicht immer vertrauenswürdig ist, so bleibt doch das Wort Gottes sicher und unerschütterlich. Denn es ist unmöglich, dass Gott lügt (Hebr. 6:18; 4.Mose 23:19). Alles, was Gott sagt, steht in Ewigkeit fest (Ps. 119:89).

Wir müssen über das, was Gott gesprochen hat, keine Vermutungen anstellen. Sein Wort ist weder verschwommen noch unbestimmt, denn es kommt heute in geschriebener Form zu uns – nämlich in Gestalt der Bibel.

Die Bibel ist Gottes eigenes Wort, das von Ihm inspiriert wurde (2.Tim. 3:16). Dieses Wort können wir annehmen, ihm glauben und darauf vertrauen.

Was sagt denn Gott nun über die Errettung? Er sagt, dass der Weg der Errettung eine Person ist, nämlich Jesus Christus (Joh. 3:16; 14:6; Apg. 10:43; 16:31). Ebenso sagt Er, dass jeder gerettet wird, der glaubt, dass Jesus Christus von den Toten auferstanden ist und mit seinem Mund bekennt, dass Jesus der Herr ist. Und Er sagt, dass jeder gerettet wird, der den Namen des Herrn anruft (Röm. 10:9–13).

Hast du dies getan? Bist du zum Glauben an Christus gekommen und hast du offen bekannt, dass Er dein Herr ist? Hast du Seinen Namen angerufen? Wenn das der Fall ist, dann bist du wirklich gerettet, denn Gott sagt es so. Damit ist der Fall erledigt.

Der Heilige Geist gibt Zeugnis

Wir haben nicht nur das Wort Gottes *außerhalb* von uns, das uns sagt, dass wir gerettet sind, sondern wir haben auch einen Zeugen in unserem *Inneren*, der uns genau das Gleiche sagt. Was die Bibel von außen zu uns spricht, das bestätigt der Geist im Inneren, denn in 1. Johannes 5:10 heißt es: „Wer an den Sohn Gottes glaubt, hat das Zeugnis in sich."

Nachdem wir Christus aufgenommen haben, kann es manchmal sein, dass wir uns dennoch nicht gerettet *fühlen*. Wenn wir uns aber im tiefsten Teil unseres Seins, nämlich in unserem Geist, prüfen, so werden wir dennoch eine Art inneres Zeugnis, eine Gewissheit vorfinden, dass wir Kinder Gottes sind. „Der Geist Selbst bezeugt zusammen mit unserem Geist, dass wir Kinder Gottes sind" (Röm. 8:16). Wenn du daran zweifelst, dass du dieses innere Zeugnis des Geistes hast, so mache dieses einfache Experiment: Versuche einmal, mutig zu erklären: „Ich bin *kein* Kind Gottes!" Du wirst feststellen, dass es sehr schwierig ist, eine solche

Unwahrheit auch nur zu flüstern. Weshalb? Weil der Heilige Geist in dir Zeugnis gibt: „Du *bist* ein Kind Gottes!“

Unsere Liebe zu den Brüdern ist ein Beweis

Der dritte Weg, diese Gewissheit zu erlangen, ist unsere Liebe zu anderen Geschwistern in Christus. In 1. Johannes 3:14 heißt es: „Wir wissen, dass wir aus dem Tod in das Leben hinübergegangen sind, weil wir die Brüder lieben.“ Eine gerettete Person empfindet ohne Zweifel eine gewisse Liebe zu anderen, die ebenfalls gerettet sind. Du hast ein Verlangen nach Gemeinschaft und du möchtest Christus mit anderen genießen. Dies ist das spontane Ergebnis des Gerettetseins, eines der klarsten Zeichen eines geretteten Menschen. Diese Liebe übersteigt die billige, selbstsüchtige „Liebe“ des heutigen Zeitalters. Es ist eine unparteiische Liebe, denn sie liebt diejenigen, die gleichgesinnt sind und auch die, welche andersartig sind. Dies ist die wahre Einheit und Harmonie, nach der sich die Welt sehnt. Doch sie gehört uns, wenn wir Christus aufnehmen. „Siehe, wie gut und wie lieblich ist es, wenn Brüder einträchtig beieinander wohnen!“ (Ps. 133:1). Dies ist das Zeugnis eines Geretteten.

Durch diese drei Zeugen – Gottes Wort, das innere Zeugnis des Geistes und unsere Liebe zu den Brüdern – können wir ganz sicher wissen, dass wir wirklich gerettet sind.

DIE SICHERHEIT DER ERRETTUNG

Nachdem ein Christ die Gewissheit empfangen hat, dass er wirklich gerettet ist, überlegt er sich vielleicht: „Ich weiß, dass ich heute gerettet bin, aber wie kann ich wissen, dass ich auch morgen noch gerettet bin? Ist es möglich, dass ich meine Errettung verlieren kann?“ Für ihn stellt sich nicht mehr die Frage der *Gewissheit*, sondern der *Sicherheit*.

Ein Mann mit Millionen auf der Bank hat zum Beispiel die *Gewissheit*, dass dieser Reichtum ihm gehört. Doch wenn die Bank darauf besteht, den Tresorraum unverschlossen zu lassen, wird unser reicher Freund ein wirkliches Problem mit der *Sicherheit* seines Reichtums haben. Er weiß zwar, dass er heute reich ist, doch er weiß nicht, wie es morgen sein wird.

Gilt das Gleiche für unsere Errettung? Ist sie etwas, das wir vielleicht heute haben, aber jeden Augenblick verlieren können? Die Antwort ist ganz eindeutig: Nein! Wir können mit Freimut sagen: „Ich erkannte, dass alles, was Gott tut, für ewig sein wird" (Pred. 3:14).

Eine wunderbare Tatsache hinsichtlich unserer Errettung in Christus besteht darin, dass sie unwiderruflich ist, das heißt, sie kann nie mehr ungeschehen gemacht werden. Denn sind wir einmal gerettet, so sind wir auf ewig gerettet, weil unsere Errettung die Natur und die Person Gottes Selbst als Grundlage hat.

Die Errettung wurde von Gott veranlasst

Jesus sagte zu Seinen Jüngern: „Ihr habt nicht Mich auserwählt, sondern Ich habe euch auserwählt" (Joh. 15:16). Mit anderen Worten, die Errettung war Gottes Gedanke und nicht unser Gedanke. Wir wurden schon in der vergangenen Ewigkeit von Ihm erwählt und sogar vorherbestimmt (markiert) (Eph. 1:4–5). Außerdem war Er es, der uns berief (Röm. 8:29–30). Da es Gottes Plan war, uns an erster Stelle zu erretten, so ist es auch Sein Plan, uns in dieser Errettung zu bewahren. Könnte Gott uns aber jemals auserwählen, markieren, in die Errettung hinein berufen und uns dann doch wieder aufgeben? Nein, denn Gottes Errettung ist ewig.

Gottes Liebe und Gnade sind ewig

Außerdem sind Gottes Liebe und Gnade uns gegenüber an keine Bedingungen geknüpft und sind auch nicht nur vorübergehend. Es war nicht unsere Liebe, die uns gerettet hat, sondern Seine Liebe (1.Joh. 4:10). Er hat uns mit einer ewigen Liebe geliebt (Jer. 31:3). Seine Gnade uns gegenüber bestand schon in der vergangenen Ewigkeit, bevor die Welt begann (2.Tim. 1:9). Denn wenn Christus uns liebt, dann liebt Er uns bis zum Äußersten (Joh. 13:1). Weder Sünde, noch Versagen, noch Schwachheit auf unserer Seite kann uns von der Liebe Gottes scheiden, die in Christus Jesus ist (Röm. 8:35–39).

Gott ist gerecht

Unsere Errettung ist jedoch nicht nur auf Gottes Liebe und Gnade begründet, sondern noch viel mehr auf Seiner Gerechtigkeit. Unser Gott ist ein gerechter Gott, denn Gerechtigkeit und Recht sind die Grundfeste Seines Thrones (Ps. 89:15). Wäre Gott jemals ungerecht, so würde Sein Thron ja die Grundfeste verlieren. Wenn unsere Errettung also auf irgendeine Weise Gottes Gerechtigkeit umfasst, ist sie tatsächlich unerschütterlich.

Angenommen, du fährst bei Rot über die Ampel und bekommst einen Strafzettel über 25 Euro. Dieses Bußgeld ist eine gerechte Strafe, und das Gesetz des Landes fordert, dass du es bezahlst. Würde ein Richter deine Übertretung einfach übersehen und dich ohne zu bezahlen gehen lassen, dann wäre er ein ungerechter Richter. Es geht ja nicht darum, ob er dich liebt oder nicht, sondern er ist vom Gesetz her verpflichtet, das Bußgeld einzufordern.

Gleicherweise war unser Problem vor Gott vor unserer Errettung rechtlicher Natur. Wir hatten durch unsere Sünde das Gesetz Gottes gebrochen und uns das gerechte Urteil des Gesetzes zugezogen. Wenn aber eine Übertretung des Gesetzes vorliegt, muss nach dem Gesetz Gottes der Tod folgen (Röm. 6:23; Hes. 18:4). Die Frage ist nicht, ob Gott uns liebt, unsere Sünden übersieht und das Urteil des Gesetzes vergisst. Denn würde Gott dies tun, würde Sein Thron umstürzen. Er ist durch Sein eigenes Gesetz gebunden, die Sünde zu richten. Was kann Er tun?

Da Gott das Verlangen hatte, uns zu erretten, wir die Sündenschuld aber nicht bezahlen konnten, entschloss Er Sich in Seiner Barmherzigkeit, es Selbst zu tun. Vor zweitausend Jahren kam Jesus Christus, der Fleisch gewordene Gott, um am Kreuz zu sterben und die Schuld für unsere Sünde zu bezahlen. Da Er Selbst keine Sünde hatte, war Er allein qualifiziert, diesen stellvertretenden Tod zu erleiden. Sein Tod, den Gott als unseren eigenen Tod anrechnete, wurde von Gott akzeptiert und deshalb erweckte Er Ihn von den Toten. Wenn wir nun an Christus glauben, wird Sein Tod in den Augen Gottes als unser eigener Tod angerechnet. Somit wurde unsere Sündenschuld auf gerechte Weise bezahlt, und wir sind gerettet.

Kann Gott nun diese Errettung, die Christus erkauft hat,

wieder rückgängig machen? Auf keinen Fall! Da die Schuld bezahlt worden ist, wäre es ungerecht, wenn Gott sie erneut von uns fordern würde. Somit ruft die gleiche Gerechtigkeit, die früher nach unserer Verurteilung rief, jetzt nach unserer Rechtfertigung. Wie unerschütterlich und sicher wird dadurch unsere Errettung! Nicht einmal ein weltlicher Richter würde ja von jemandem verlangen, dass er das gleiche Bußgeld zweimal bezahlen muss. Mit Sicherheit kann Gott, die Quelle allen Rechts und aller Gerechtigkeit, so etwas nicht tun, wie Watchman Nee in einem Lied schrieb (Lied 425 im Liederbuch):

Dank Jesu Blut vergab mir Gott,
Und sprach mich ewig frei vom Tod,
  Denn meine Schuld strich Er;
Gott fordert nicht ein zweites Mal,
Vom Sohn, dem Bürgen Seiner Wahl,
  Und dann von mir noch mehr.

Die Bibel verkündet also, dass Gott Seine Gerechtigkeit offenbart, wenn Er uns errettet (Röm. 1:16–17; 3:25–26).

Wir sind Gottes Kinder geworden

Bei unserer Errettung empfingen wir nicht nur etwas, sondern wir wurden auch etwas – nämlich Kinder Gottes, die aus Seinem ewigen Leben geboren wurden (Joh. 1:12–13). Ein menschlicher Vater kann zwar ein Geschenk zurücknehmen, das er seinem Kind gegeben hat, aber er kann niemals das menschliche Leben zurücknehmen, das er gegeben hat. Obwohl sich das Kind schlecht benehmen mag, so ist es doch immer noch das Kind des Vaters. Genauso sind auch wir Gottes Kinder. Obwohl wir vielleicht viele Schwachheiten haben und Seine Züchtigung brauchen, so können doch unsere Sünden und Schwachheiten an der Tatsache nichts ändern, dass wir Seine Kinder sind. Das Leben, das wir durch unsere zweite Geburt empfingen, ist das ewige Leben, das unzerstörbare Leben, das Leben Gottes, das Leben, das niemals sterben kann. Wenn wir einmal wiedergeboren sind, können wir niemals mehr „ungeboren“ werden.

Gott ist stark

Ein weiterer Grund für die Sicherheit der Errettung ist Gottes Stärke. Er ist nicht bereit, irgendetwas oder irgendjemandem zu erlauben, uns Ihm zu entreißen. Jesus sagte: „Und Ich gebe ihnen ewiges Leben, und sie gehen nicht verloren in Ewigkeit, und niemand wird sie aus Meiner Hand rauben. Mein Vater ... ist größer als alle, und niemand kann sie aus der Hand Meines Vaters rauben" (Joh. 10:28–29). Die Hand des Vaters und die Hand des Herrn Jesus sind zwei starke Hände, die uns festhalten. Selbst wenn wir versuchen würden, von unserem Vater wegzulaufen, wäre es unmöglich, denn Gott ist nicht nur stärker als Satan, sondern auch stärker als wir.

Gott ändert sich nie

Wäre es möglich, unsere Errettung wieder zu verlieren, dann hätten viele von uns sie schon vor langer Zeit verloren. Als Menschen gehen wir durch viele Veränderungen. An einem Tag sind wir heiß und am nächsten kalt. Doch unsere Errettung gründet sich nicht auf unser unstetes Gefühl, sondern ist vielmehr in einem Gott verwurzelt und gegründet, der in Seiner Liebe und Treue uns gegenüber unveränderlich ist (Mal. 3:6). In Jakobus 1:17 heißt es: „Jede gute Gabe und jedes vollkommene Geschenk kommt von oben herab, von dem Vater der Lichter, bei dem keine Veränderung ist noch eines Wechsels Schatten." In Klagelieder 3:22–23 heißt es: „Sein Erbarmen hört nicht auf, es ist jeden Morgen neu. Groß ist Deine Treue." Wenn Er uns schon so sehr liebte, um uns zu erretten, dann liebt Er uns auch mit Sicherheit so sehr, um uns in jener gleichen Errettung zu bewahren. Groß ist Seine Treue!

Christus hat verheißen

Schließlich hat Christus Selbst verheißen, uns zu bewahren, zu erhalten und uns niemals zu verlassen. Obwohl Menschen im Hinblick auf das Einhalten ihrer Versprechen oft ungerecht sind, wird Christus doch niemals aufhören, das zu vollbringen, wozu Er sich verpflichtet hat. Höre auf Seine Verheißung: „Wer zu Mir kommt, den werde Ich nicht hinausstoßen“ (Joh. 6:37); „Denn Er hat gesagt: ‘Ich will dich nicht (oder: keineswegs) aufgeben und dich nicht verlassen’“ (Hebr. 13:5). Die Verheißungen des Herrn hier sind an keine Bedingungen geknüpft. „Keineswegs“, das heißt unter keinen Umständen wird Er uns hinausstoßen oder uns aufgeben. Dies ist Seine treue Verheißung.

Wie kraftvoll ist doch die Sicherheit unserer Errettung! Wir haben Gottes Erwählung, Seine Vorherbestimmung, Seine Berufung, Seine Liebe, Seine Gnade, Seine Gerechtigkeit, Sein Leben, Seine Stärke, Seine unveränderliche Treue und Seine Verheißungen als das Fundament, die Garantie und die Sicherheit unserer Errettung. Wir können alle mit Paulus erklären: „Ich schäme mich nicht, denn ich weiß, wem ich geglaubt habe, und bin überzeugt, dass Er mächtig ist, mein anvertrautes Gut bis auf jenen Tag zu bewahren“ (2.Tim. 1:12).

DIE FREUDE DER ERRETTUNG

Die Gewissheit unserer Errettung haben wir nun gesehen, das heißt, wie wir wissen können, dass wir gerettet sind. Ebenso sahen wir die Sicherheit unserer Errettung, das heißt, dass wir unsere Errettung niemals verlieren können. Aber reicht das aus? Leider sind viele Christen schon damit zufrieden, nur errettet zu *sein*, wobei sie nur wenig Freude oder *Genuss* dieser Errettung erfahren.

Unser Freund mit den Millionen auf der Bank mag in der *Gewissheit* leben, er sei reich, und er mag die *Sicherheit* haben, dass seine Bankeinlage auch sicher sei. Doch wenn er niemals einen Euro ausgibt und damit zufrieden ist, das Leben eines Armen zu führen, kann man kaum sagen, dass er im *Genuss* jenes Reichtums steht. Objektiv gesehen ist er zwar reich, aber in seiner praktischen Erfahrung hat er nichts davon. Dies ist heute der Zustand vieler Christen. Sie sind zwar gerettet, doch in ihrem täglichen Leben haben sie wenig Erfahrung der unausforschlichen Reichtümer Christi (Eph. 3:8). Aber Gottes Absicht besteht darin, dass wir Christus nicht nur besitzen, sondern Ihn auch genießen sollen – sogar bis zum Äußersten (Joh. 10:10; Phil. 4:4).

Denn der normale Zustand eines Christen besteht darin, „mit unaussprechlicher und verherrlichter Freude“ zu jubeln (1.Petr. 1:8).

Doch wir werden fast alle zugeben, dass es Zeiten gibt – dies ist sogar oft der Fall – in denen wir diese überfließende Freude gar nicht haben. Bedeutet dies, dass wir unsere Errettung verloren haben? Auf keinen Fall! Denn unsere Errettung gründet sich ja auf Gott und nicht auf uns. Obwohl wir unsere Errettung nicht verlieren können, so können wir doch die Freude der Errettung verlieren.

Die Freude verlieren

Welche Dinge sind denn nun die Ursache, dass wir manchmal unsere Freude verlieren? Erstens ist da die Sünde. Denn die Freude hängt davon ab, dass wir ununterbrochene Gemeinschaft mit Gott haben; doch die Sünde trennt uns von Ihm und bewirkt, dass Er Sein Angesicht verbirgt (Jes. 59:1–2).

An zweiter Stelle steht das Betrüben des Heiligen Geistes (Eph. 4:30). Mit unserer Errettung werden wir zum Tempel Gottes, und Sein Geist wohnt in uns (1.Kor. 6:17, 19; Röm. 8:9, 11, 16). Doch dieser Geist in uns ist keine „Kraft“ und auch keine „Sache“, sondern eine lebendige Person, Jesus Christus Selbst (1.Kor. 15:45; 2.Kor. 3:17; 13:5). Wie jede lebendige Person hat Er ein Gefühl und einen Standpunkt. Steht also unser Reden und Handeln im Widerspruch zu Ihm, dann ist Er in uns betrübt. Ist aber der Heilige Geist betrübt, dann ist unser Geist, der mit Ihm verbunden ist (1.Kor. 6:17), ebenfalls betrübt, und wir verlieren unsere Freude.

Die Freude erhalten

Unsere Errettung gleicht zwar einem unerschütterlichen Felsen, doch die Freude der Errettung ist wie eine empfindliche Blume, die schon von einer kleinen Brise leicht umgeworfen werden kann. Sie ist also etwas, das wir pflegen und nähren müssen. Was können wir aber tun, um diese Freude zu erhalten?

Erstens können wir unsere Sünden bekennen (1.Joh. 1:7, 9). Wenn wir das vor dem Herrn tun, reinigt uns Sein Blut, und unsere Gemeinschaft mit Ihm wird wiederhergestellt. Nachdem

David gesündigt hatte, betete er: „Lass mir wiederkehren die Freude Deiner Errettung“ (Ps. 51:14). Wir müssen nicht warten, denn das kostbare Blut Christi reinigt uns von jeder Sünde.

Zweitens können wir Gottes Wort als unsere Speise nehmen. Jeremia sagte: „Fanden sich Worte von Dir, dann habe ich sie gegessen, und Deine Worte waren mir zur Wonne und zur Freude meines Herzens“ (Jer. 15:16). Oft entdecken wir, dass unser Herz vor Freude übersprudelt, nachdem wir das Wort Gottes gelesen und darüber gebetet haben. Da niemand glücklich sein kann, der am Verhungern ist, sollten wir keine Christen sein, die am Verhungern sind, sondern wir sollten ständig das Wort Gottes als unsere Speise und unser Fest genießen (Mt. 4:4).

Drittens können wir beten. Oft empfinden wir eine tiefe Freude und Erfrischung, nachdem wir unser Herz dem Herrn geöffnet und es vor Ihm ausgeschüttet haben. In Jesaja 56:7 heißt es, dass Er uns in Seinem Bethaus erfreuen will. Wahres Gebet ist nicht das Hersagen vertrauter Worte und Ausdrücke, sondern ein Ausschütten unseres Herzens und unseres Geistes vor dem Herrn. Jesus sagte: „Bittet, und ihr werdet empfangen, damit eure Freude völlig sei“ (Joh. 16:24). Wahres Gebet ist eine Befreiung und ein Genuss.

Und schließlich können wir Gemeinschaft haben. Der größte Genuss für einen Christen besteht darin, mit anderen Menschen zusammen zu sein, die Christus lieben und Ihn genießen. Keine menschlichen Worte vermögen die Lieblichkeit zum Ausdruck zu bringen, die wir erfahren, wenn wir Ihn zusammen loben und miteinander über Ihn sprechen. In 1. Johannes 1:3–4 heißt es: „Damit auch ihr mit uns Gemeinschaft habt; und zwar ist unsere Gemeinschaft mit dem Vater und mit Seinem Sohn Jesus Christus. Und dies schreiben wir, damit unsere Freude vollkommen sei.“ Wahre Gemeinschaft ist keine Pflicht, sondern ein Genuss – der größte Genuss auf Erden.

Wir haben somit die Gewissheit, die Sicherheit und die Freude unserer Errettung. Preis sei Ihm für solch eine vollständige Errettung!

Kapitel Drei

DAS KOSTBARE BLUT CHRISTI

Um dein physisches Leben aufrecht zu erhalten, brauchst du bestimmte grundlegende Dinge wie Sauerstoff, Nahrung, Kleidung und Schutz. Außerdem braucht dein Körper ein gewisses Maß an Proteinen, Vitaminen und Mineralstoffen. Ohne diese würde dein physisches Leben sterben oder mindestens sehr leiden.

Das Gleiche gilt für dein geistliches Leben. Dieses bedarf ebenfalls – wie dein physisches Leben – gewisser grundlegender Elemente. Diese sind unbedingt erforderlich, denn ohne sie wird es für dich schwierig sein, in einer Welt, die Christus nicht kennt, als ein Christ zu überleben. Eines dieser grundlegenden Elemente ist das Blut Christi.

Warum brauchen wir das Blut Christi? Weil der gefallene Mensch in der Hauptsache drei grundlegende Probleme hat. Selbst als ein Christ wirst du das gefallene menschliche Leben mit dir herumtragen; und so wirst du vielleicht immer noch Tag für Tag von diesen drei Problemen geplagt.

Diese schließen drei Parteien ein, nämlich Gott, dich selbst und Satan. Gott gegenüber empfindest du oft eine Trennung. In dir selbst fühlst du oft Schuld; und von Satan spürst du oft Anklage. Diese drei – Trennung von Gott, Schuldgefühle und Anklagen von Satan – können in deinem Christenleben zu drei großen Problemen werden. Wie können diese aber überwunden werden? Nur durch das Blut Christi.

TRENNUNG VON GOTT

Als Adam im Garten Eden gesündigt hatte, verbarg er sich sogleich vor Gott. Bevor Adam gesündigt hatte, genoss er Gott und war beständig in Seiner Gegenwart; doch nachdem er gesündigt hatte, verbarg er sich. Die Sünde führt immer zu einer Trennung von Gott. Selbst als Christ kannst du das erfahren. Nachdem du nur eine kleine Sünde begangen hast, empfindest du schon eine große Kluft zwischen dir und Gott. Weil Er gerecht ist, kann Er nämlich keine Sünden dulden. Dies ist es, was der Prophet Jesaja folgendermaßen zum Ausdruck brachte: „Siehe, die Hand des HERRN ist nicht zu kurz, um zu retten, und Sein Ohr nicht zu schwer, um zu hören; sondern eure Vergehen sind es, die eine Scheidung gemacht haben zwischen euch und eurem Gott, und eure Sünden haben Sein Angesicht vor euch verhüllt, dass Er nicht hört“ (Jes. 59:1–2).

Nachdem Adam gesündigt hatte, sprach Gott nicht: „Adam, was hast du getan?“ Sondern Er fragte vielmehr: „Adam, wo bist du?“ Mit anderen Worten: Gott ist nicht so sehr besorgt darüber, welche Sünden du begehen magst, als über die Tatsache, dass deine Sünden dich von Ihm trennen. Gott liebt dich zwar, aber Er verabscheut deine Sünden. Solange diese bleiben, muss Gott Abstand bewahren. In diesem Zustand fühlst du dich von Gott weit entfernt. Wenn Er kommen soll, müssen die Sünden gehen.

Im ganzen Universum gibt es aber nur eines, was Sünden wegnehmen kann, und zwar das kostbare Blut Christi. Kein Maß des Gebets, wie viel du auch weinen magst, keine Rituale, keine Buße, kein Versprechen, es besser zu machen, kein Schuldgefühl, keine Wartezeit – nein, außer dem kostbaren Blut Christi kann nichts deine Sünden wegnehmen. Denn in Hebräer 9:22 heißt es, dass es ohne Blutvergießen keine Vergebung gibt.

Dies wird im zweiten Buch Mose veranschaulicht. Einige Kinder Israel waren vielleicht genauso sündig wie die Ägypter. Doch als Gott Seinen Engel sandte, um alle erstgeborenen Kinder im Land Ägypten zu erschlagen, sagte Er nicht: „Wenn Ich euer gutes Verhalten sehe, werde Ich an euch vorübergehen.“ Gott verlangte nicht, dass die Kinder Israel beten, Buße tun oder versprechen sollten, sich gut zu verhalten. Nein, Gott gebot ihnen vielmehr, das Passahlamm zu schlachten und sein Blut an ihre Türpfosten zu streichen, und Er sprach: „Wenn Ich das Blut sehe, dann werde Ich an euch vorübergehen“ (2.Mose 12:13). Gott schaute nicht darauf, was für Leute in dem Haus waren, sondern Er ging einfach vorüber, wenn Er das Blut sah.

Das Passahlamm war ein Bild auf Christus. Als Johannes der Täufer den Herrn zum ersten Mal sah, verkündete er: „Siehe, das Lamm Gottes, das die Sünde der Welt hinwegnimmt!" (Joh. 1:29). Jesus ist das Lamm Gottes. Durch Sein kostbares Blut wurden alle unsere Sünden weggenommen.

Was solltest du nun tun, wenn du gesündigt hast und dich von Gott weit entfernt fühlst? Du solltest einfach Gott diese Sünde bekennen und glauben, dass das Blut Jesu sie weggenommen hat. Denn in 1. Johannes 1:9 heißt es: „Wenn wir unsere Sünden bekennen, ist Er treu und gerecht, dass Er uns die Sünden vergibt und uns reinigt von jeder Ungerechtigkeit." Wenn du deine Sünden bekennst, ist die Entfernung zwischen dir und Gott sofort verschwunden.

Sorge dich aber nicht darum, ob du an diesem Punkt etwas fühlst oder nicht, denn das Blut Christi ist in erster Linie für Gottes Zufriedenstellung – nicht für deine. Denke daran, Gott sagte nämlich: „Wenn Ich (nicht du) das Blut sehe ..." Am Abend des Passahs befanden sich die Kinder Israel im Haus, während das Blut des Lammes draußen war. Im Haus konnten sie das Blut gar nicht sehen; dennoch hatten sie Frieden, weil sie wussten, dass Gott mit jenem Blut zufrieden gestellt war.

Einmal im Jahr, am Versöhnungstag, ging der Hohepriester allein in das Allerheiligste, um das Blut auf den Sühnedeckel der Bundeslade zu sprengen (3.Mose 16:11–17). Dabei durfte niemand zuschauen. Dies ist ein Schattenbild auf Christus, der nach Seiner Auferstehung in die himmlische Stiftshütte ging und Sein eigenes Blut als Sühnung für deine Sünden vor Gott sprengte (Hebr. 9:12). Niemand kann heute in den Himmel schauen und dieses Blut sehen – doch es ist dort und spricht für dich (Hebr. 12:24) und stellt Gott im Hinblick auf dich zufrieden. Obwohl du das Blut nicht sehen kannst, so kannst du doch an seine Wirksamkeit glauben. Dieses Blut löst dein Problem vor Gott.

Wenn Gott das Blut Christi als ausreichend dafür ansieht, um deine Sünden wegzunehmen, kannst du dann nicht auch das Gleiche tun? Oder brauchst du außerdem noch ein gutes Gefühl? Darf deine Forderung denn höher sein als die Gottes? Nein, sondern du musst einfach bekennen: „O Gott, ich danke Dir, dass das Blut Christi alle meine Sünden weggenommen hat. Wenn Du über das Blut glücklich bist, dann bin ich auch glücklich.“

SCHULD IN DEINEM GEWISSEN

Das zweite entscheidende Problem des Menschen liegt in ihm selbst. Denn in ihm, in seinem Gewissen, befindet sich eine schwere Last der Schuld. Wie viele junge Menschen sind heute von Schuld beladen! Schuld ist für den Menschen ein großes Problem.

Sünden beleidigen einerseits Gott und verunreinigen andererseits uns. Aber was ist Schuld? Sie ist der Fleck der Sünden auf deinem Gewissen. Wenn du noch jung bist, ist dein Gewissen nur wenig befleckt. Doch wenn du älter wirst, sammeln sich immer mehr Flecken an. Wie ein Fenster, das niemals gereinigt wird, so wird das Gewissen immer dunkler, bis schließlich nur noch ein wenig Licht durchdringen kann.

Kein Reinigungsmittel, keine Chemikalie und keine Säure kann die Flecken der Schuld von deinem Gewissen abwaschen. Nicht einmal durch eine Atombombe könntest du diesen Fleck loswerden; nein, sondern dein Gewissen braucht etwas noch Stärkeres – es braucht das kostbare Blut Christi.

In Hebräer 9:14 heißt es: „Wie viel mehr wird das Blut Christi ... euer Gewissen reinigen von toten Werken, damit ihr dem lebendigen Gott dient!“ Das Blut Christi ist stark genug, um dein Gewissen von jedem Fleck der Schuld zu reinigen.

Wie reinigt nun das Blut Christi die Schuld von deinem Gewissen? Angenommen, du erhältst einen Strafzettel, weil du auf dem Bürgersteig geparkt hast. Nun hast du drei Probleme: Erstens hast du das Gesetz gebrochen, zweitens schuldest du der Regierung ein Bußgeld, und drittens hast du eine Kopie des Strafzettels, um dich an das Bußgeld zu erinnern. Nimm nun einmal an, dass du mittellos bist und es für dich unmöglich ist, das Bußgeld zu bezahlen. Du darfst aber den Strafzettel nicht einfach wegwerfen, weil die Polizei ja auch eine Kopie hat und dich gerichtlich verfolgt, wenn du nicht bezahlst. So hast du ein wirkliches Problem.

Dies ist ein Bild dessen, was geschieht, wenn du sündigst.

Zuerst hast du Gottes Gesetz gebrochen; das heißt, du hast etwas getan, das Gott beleidigt. Zweitens schuldest du dem Gesetz Gottes etwas. In Römer 6:23 heißt es nämlich, dass der Lohn der Sünde der Tod ist. Dies ist eine sehr harte Strafe – für dich unmöglich zu bezahlen. Und drittens hast du Schuld in deinem Gewissen – wie der Strafzettel in deiner Tasche – als eine ständige Erinnerung an deine Übertretung.

Doch hier ist nun die gute Nachricht. Als Jesus Christus am Kreuz starb, erfüllte Sein Tod alle Forderungen des Gesetzes Gottes für dich. Mit anderen Worten: Deine Schuld der Sünde ist bezahlt worden. Preist den Herrn! Jesus Christus hat durch Seinen Tod am Kreuz alles bezahlt!

So sind nun die ersten beiden Probleme gelöst: Gott ist nicht mehr beleidigt, und die Schuld der Sünde ist völlig bezahlt. Aber wie steht es mit deinem Gewissen? Der Fleck der Schuld bleibt – wie der Strafzettel – als eine Aufzeichnung von deiner Sünde.

Hier reinigt das Blut Christi dein Gewissen. Weil Sein Tod die Schuld der Sünde bezahlt hat, kann es nun den Bericht jener Schuld auslöschen. Wie der Strafzettel zerrissen und weggeworfen werden kann, wenn das Bußgeld bezahlt ist, so kann auch die Schuld von deinem Gewissen weggewischt werden.

Dies zu erfahren, ist so einfach. Wenn du sündigst und innerlich Schuld empfindest, kannst du dich einfach Gott öffnen und etwa folgendermaßen beten: „O Gott, vergib mir das, was ich heute getan habe. Ich danke Dir Herr, dass Du am Kreuz für mich gestorben bist und für diese Sünde bezahlt hast, die ich begangen habe. Herr, ich glaube, dass Du diese Sünde vergeben hast. Gerade jetzt nehme ich Dein kostbares Blut in Anspruch, um mein Gewissen von allen Flecken der Schuld zu reinigen." Erinnere dich an 1. Johannes 1:9: „Wenn wir unsere Sünden bekennen, ist Er treu und gerecht, dass Er uns die Sünden vergibt und uns reinigt von jeder Ungerechtigkeit"; und daran, wie es in Psalm 103:12 heißt: „So fern der Osten ist vom Westen, hat Er von uns entfernt unsere Vergehen." Wer kann denn sagen, wie weit der Osten vom Westen entfernt ist? Wenn du deine Sünden bekennst, nimmt Gott sie ebenfalls auf die gleiche Weise unendlich weit von dir weg. Sie haben mit dir nichts mehr zu tun. Daher kannst du in deinem Gewissen Ruhe haben.

Wenn Gott vergibt, dann vergisst Er auch. Denke daher nicht, Gott käme vielleicht eines Tages wieder zurück und würde dich noch einmal an deine Sünden erinnern, nachdem Er sie schon vergeben hat. Nein, was deine vergebenen Sünden betrifft, so hat Gott ein schlechtes Gedächtnis. Manchmal hast du sogar ein besseres Gedächtnis als Er. Kann Gott wirklich vergessen? Genau das steht in Jeremia 31:34: „Denn Ich werde ihre Schuld vergeben und an ihre Sünde nicht mehr denken." Wenn Gott deine Sünden vergisst, dann kannst du sie auch vergessen. Erinnere daher Gott nicht an etwas, das Er schon vergessen hat.

Christus starb schon vor fast zweitausend Jahren. Sein Blut wurde schon vergossen und ist vierundzwanzig Stunden am Tag verfügbar, um dein Gewissen zu reinigen. Wenn du sündigst, brauchst du daher nicht zu warten, denn das verstärkt die Kraft des Blutes nicht; es ist schon allmächtig. Wo du auch immer sein magst – zu jeder Tageszeit – wenn du in deinem Gewissen Schuld spürst, nimm das kostbare Blut in Anspruch. „Glücklich der, dem Übertretung vergeben ... ist! Glücklich der Mensch, dem der HERR die Schuld nicht zurechnet!" (Ps. 32:1–2). Durch das kostbare Blut Christi wird das Problem der Schuld gelöst.

ANKLAGE SATANS

Wenn du auch bekannt und das Blut angewendet hast, ist es jedoch manchmal so, dass du weiterhin ein schlechtes Gefühl hast. Weist dies darauf hin, dass deine Sünde nicht vergeben ist? Oder dass das Blut Christi nicht wirkt? Oder dass noch etwas Weiteres notwendig ist? Darauf musst du antworten: „Absolut nicht!"

Woher kommen dann dieses schlechte Gefühl, nachdem du doch bekannt und das Blut angewendet hast? Die Quelle ist Gottes Feind, Satan. Um dies zu verstehen, müssen wir sehen, wer Satan ist und was er tut.

Satan bedeutet in der Ursprache der Bibel „Verkläger". Daher nennt ihn Offenbarung 12:10 den „Verkläger unserer Brüder, der sie Tag und Nacht vor unserem Gott verklagte." Satan, der Feind Gottes, verbringt seine Zeit Tag und Nacht hauptsächlich damit,

Gottes Volk anzuklagen. Dies ist seine Arbeit. Selbstverständlich hat Gott ihn nicht angewiesen, dies zu tun, sondern vielmehr hat er es selbst auf sich genommen, das Volk Gottes unaufhörlich zu verklagen.

Dies wird in der Geschichte Hiobs offenbart. Dieser war rechtschaffen, redlich und gottesfürchtig (Hiob 1:1). Doch es wird berichtet, dass Satan vor Gott erschien, um ihn anzuklagen, wobei er sagte: „Ist Hiob etwa umsonst so gottesfürchtig? ... Das Werk seiner Hände hast Du gesegnet und sein Besitz hat sich im Land ausgebreitet. Strecke jedoch nur einmal Deine Hand aus und taste alles an, was er hat, ob er Dir nicht ins Angesicht flucht!" Mit anderen Worten: Satan klagte Hiob an, er würde Gott nur fürchten, weil Er ihn gesegnet hätte. Somit behauptete Satan, Gott hätte Hiob bestochen; und dieser würde Gott verfluchen, wenn Er Hiobs Reichtümer wegnehmen würde. Dies veranschaulicht die Anklagen Satans im geistlichen Bereich.

Im Buch Sacharja stand Joschua, der Hohepriester, vor Gott, und Satan stand zu seiner rechten Hand, „um ihn anzuklagen" (3:1). „Joschua war mit schmutzigen Kleidern bekleidet" (V. 3). Dies spricht von seinem ärmlichen, sündigen Zustand. Wie oft gibt auch dein ärmlicher Zustand Satan die Gelegenheit, dich anzuklagen! Dies schließt ein, dass Satan nicht nur Gottes Feind, sondern auch ebenso dein Feind ist. Sobald du zu Gott kommst, widersetzt sich Satan deinem Kommen, indem er dich anklagt.

Nichts legt einen Christen geistlich gesehen mehr lahm als Anklage. Wenn du auf Satans Anklagen hörst, bist du kraftlos; dann ist es so, als wäre alle Kraft aus deinem Geist ausgelaufen. Ein Christ, der unter Anklage steht, findet es daher schwierig, mit anderen Gemeinschaft zu haben und sogar noch schwieriger, zu beten. Er hat das Gefühl, als könnte er sich Gott nicht nähern.

Dies ist aber die Hinterlist des Feindes. Denn dieser kommt ja niemals in einem roten Anzug mit einer Mistgabel und ruft: „Ich bin der Teufel! Nun komme ich, um dich zu verdammen!" Er ist natürlich nicht so töricht, sondern er klagt dich innerlich an und betrügt dich sogar, so dass du denkst, seine Anklagen wären Gottes Sprechen.

Wie kannst du nun zwischen Gottes wahrer Erleuchtung in

deinem Gewissen und Satans Anklage unterscheiden? Manchmal ist es schwierig, aber ich möchte dazu nun folgende drei Wege aufzeigen:

Erstens: Gottes Licht versorgt dich, während Satans Anklage dich trockenlegt und erschöpft. Wenn Gott über deine Sünden spricht, fühlst du dich vielleicht sehr bloßgestellt und verwundet; dennoch wirst du auch versorgt und ermutigt, dich Gott zu nahen und das kostbare Blut Christi anzuwenden. Satans Anklagen sind andererseits völlig negativ. Je mehr du zuhörst, desto schwieriger ist es, zu beten. So fühlst du dich leer und entmutigt.

Zweitens: Gottes Sprechen ist immer gezielt, während Satans Anklage sehr oft (wenn auch nicht immer) allgemein ist. Manchmal wirst du vielleicht betrogen, und du denkst, du wärst nur müde oder hättest einen schlechtenTag gehabt. Zu anderen Zeiten hast du vielleicht nur einen allgemeinen Eindruck, du würdest mit Gott nicht richtig stehen. Wenn du aber dein Gewissen durchforschst, findest du keine bestimmte Sünde, welche die Ursache wäre, dass du von Gott getrennt bist. Oder du wachst vielleicht mit einem allgemeinen Gefühl der Niedergeschlagenheit oder des Unbehagens Gott gegenüber auf. Doch all diese allgemeinen Empfindungen des Verurteiltseins, welche keinen offensichtlichen Ursprung in einer Sünde haben, kommen von Satan und sollten verworfen werden. Wenn Gott spricht, ist Er nämlich gezielt und positiv; aber wenn Satan spricht, ist er oft allgemein und negativ.

Drittens: Jede unangenehme Empfindung, die zurückbleibt, nachdem du schon bekannt und das Blut Jesu in Anspruch genommen hast, ist von Satan. Denn es ist niemals notwendig, noch einmal zu bekennen und das Blut in Anspruch zu nehmen. Gottes Forderung wird beim ersten Mal durch das Blut zufrieden gestellt; aber Satan ist nie zufrieden. Er möchte, dass du immer wieder dasselbe bekennst. In Sprüche 27:15 heißt es: „Eine ständig tropfende Dachtraufe am Tag des Regengusses, und eine zänkische Frau gleichen sich.“ Satans Anschuldigungen sind genau so wie ein tropfender Wasserhahn oder eine nörgelnde Frau – sie werden dich nie in Ruhe lassen. Aber Gottes Reden ist anders. Wenn du bekennst und die Reinigung des Blutes in

Anspruch nimmst, ist Er sogleich zufriedengestellt. Jegliches weitere Reden ist von Satan.

Wenn du deine Sünde bekennst und das kostbare Blut in Anspruch nimmst und doch weiterhin ein Unbehagen in dir zerrt, solltest du sofort aufhören zu beten. Bekenne nicht weiter, sondern wende dich vielmehr zu der Quelle dieser Anklage und sage etwa: „Satan, ich habe meine Sünde Gott bekannt, Er hat sie mir vergeben, und das Blut Jesu Christi hat mich gereinigt. Dieses Unbehagen, das ich jetzt empfinde, stammt nicht von Gott, sondern von dir, und ich verwerfe es! Satan, jetzt musst du das Blut Christi anschauen. Es beantwortet jede einzelne deiner Anklagen." Versuche, so zu Satan zu reden. Wenn du das Blut auf diese Weise anwendest, wird Satan besiegt – und er weiß das auch. In Offenbarung 12:10–11 heißt es: „Denn hinabgeworfen ist der Verkläger unserer Brüder ... Und sie haben ihn überwunden wegen des Blutes des Lammes und wegen des Wortes ihres Zeugnisses." Das Wort deines Zeugnisses ist aber gerade deine Erklärung, dass das Blut Jesu Christi dich von jeder Sünde gereinigt hat, und dass dieses Blut Satan besiegt hat. Wenn du auf diese Weise mutig sprichst, werden Satans Anklagen überwunden.

Das Christenleben ist schon eine Art Kampf, denn Satan, „euer Widersacher ... geht umher wie ein brüllender Löwe und sucht, wen er verschlingen kann" (1.Petr. 5:8). Für diesen Kampf brauchst du die richtigen Waffen; und eine wichtige davon, die du anwenden musst, ist das Blut Christi.

EIN TÄGLICHES LEBEN, DAS VON DER GEGENWART GOTTES ERFÜLLT IST

Durch die Kraft des kostbaren Blutes Christi ist es für einen Christen möglich, jeden Augenblick in Gottes Gegenwart zu leben. Jedes Mal, wenn eine kleine Sünde aufsteht und deine Gemeinschaft mit Gott hindert, kannst du sofort bekennen und das vorherrschende Blut des Herrn in Anspruch nehmen. Dann wird die Gemeinschaft sogleich wiederhergestellt. Warum solltest du daher Zeit vergeuden? Das Blut Christi ist jeden Augenblick und jeden Tag verfügbar. Du kannst seine reinigende Kraft niemals erschöpfen. Es ist nicht nur fähig, jede vergangene Sünde zu reinigen, sondern auch jede, die du jemals begehen könntest.

Durch die Kraft des kostbaren Blutes Christi kannst du ein Gewissen haben, das nicht von Schuld befleckt ist. Daher kannst du auch mutig zu Gott kommen: „So lasst uns hinzutreten mit wahrhaftigem Herzen und voller Gewissheit des Glaubens, die Herzen besprengt und damit gereinigt vom bösen Gewissen" (Hebr. 10:22). Durch das Blut Christi kann dein Gewissen von jeglicher Schuld frei sein. Wie ein gerade gereinigtes Fenster kann es klar, hell und voller Licht sein.

Schließlich kannst du durch die Kraft des kostbaren Blutes Christi jede Anklage Satans überwinden. Obwohl seine Anklagen vielleicht schwer wiegen, so ist das Blut Christi dennoch stärker. Es ist die Antwort auf jede einzelne Anklage. Dieses Blut ist deine Waffe, mit der dich Satan niemals besiegen kann, sondern vielmehr wird er von dir besiegt.

Wie teuer und kostbar ist das Blut Christi! Dank diesem Blut kannst du Tag für Tag in Gottes Gegenwart leben.

> *„Wenn wir aber im Licht wandeln, wie Er im Licht ist, haben wir Gemeinschaft miteinander, und das Blut Jesu, Seines Sohnes, reinigt uns von jeder Sünde."*
>
> (1.Joh. 1:7)

Kapitel Vier

DEN NAMEN DES HERRN ANRUFEN

Was bedeutet es, den Namen des Herrn anzurufen? Manche Christen meinen, den Herrn anzurufen sei dasselbe, wie zu Ihm zu beten. Ja, Anrufen ist eine Art Gebet, doch es ist nicht nur Gebet. Im Hebräischen bedeutet das Wort für anrufen, laut nach jemandem zu rufen oder schreien, herausschreien. Das griechische Wort für anrufen bedeutet, eine Person zu rufen, jemanden bei seinem Namen zu rufen. Es bedeutet daher, jemanden zu rufen, indem man hörbar seinen Namen nennt. Gebet kann leise sein, aber das Anrufen muss hörbar sein.

Zwei Propheten des Alten Testaments geben uns einen Hinweis darauf, was mit dem Anrufen des Herrn gemeint ist. Jeremia sagt uns, dass den Herrn anzurufen bedeutet, zu Ihm zu schreien und geistlich zu atmen: „Da rief ich Deinen Namen an, o HERR, aus der Grube tief unten. Du hast meine Stimme gehört. Verbirg Dein Ohr nicht vor meinem Seufzen [Atmen], meinem Schreien!" (Klgl. 3:55–56) Auch Jesaja sagt uns, dass das Anrufen des Herrn ein Schreien zu Ihm ist, wenn er sagt: „Siehe, Gott ist meine Rettung, ich bin voller Vertrauen und fürchte mich nicht. Denn Jah, der HERR, ist meine Stärke und mein Loblied, und Er ist mir zur Rettung geworden. Und mit Freuden werdet ihr Wasser schöpfen aus den Quellen der Rettung und werdet an jenem Tage sprechen: Preist den HERRN, ruft Seinen Namen aus [an] ... Lobsingt dem HERRN ... Jauchze [Schreie heraus] und juble [laut], Bewohnerin von Zion! Denn groß ist in deiner Mitte der Heilige Israels" (Jes. 12:2–6). Wie kann Gott zu unserer Rettung, zu unserer Stärke und unserem Loblied werden? Wie können wir mit Freuden Wasser schöpfen aus den Quellen der Rettung? Indem wir Seinen Namen anrufen, den Herrn preisen, ein Loblied singen, jauchzen und laut rufen; all dies entspricht dem Anrufen, das in Vers 4 erwähnt wird.

DAS ANRUFEN DES NAMENS DES HERRN IM ALTEN TESTAMENT

In der dritten Menschengeneration, zur Zeit von Enosch, dem Sohn Seths, fing man an, den Namen des Herrn anzurufen (1.Mose 4:26). Und dann setzt sich die Geschichte des Anrufens des Herrn durch die ganze Bibel hindurch fort mit: Abraham (1.Mose 12:8), Isaak (1.Mose 26:25), Mose (5.Mose 4:7), Hiob (Hiob 12:4), Jabez (1.Chr. 4:10), Simson (Ri. 16:28), Samuel (1.Sam. 12:18), David (2.Sam. 22:4), Jona (Jona 1:6), Elia (1.Kön. 18:24) und Jeremia (Klgl. 3:55). Dabei haben die Heiligen des Alten Testaments nicht nur selbst den Namen des Herrn angerufen, sondern sogar vorhergesagt, dass auch andere ihn anrufen würden (Joel 3:5; Zef. 3:9; Sach. 13:9). Obwohl viele Joels Prophetie über den Heiligen Geist kennen, haben nicht viele auf die Tatsache geachtet, dass das Empfangen des ausgegossenen Heiligen Geistes unser Anrufen des Namens des Herrn erfordert. Einerseits sagte Joel voraus, dass Gott Seinen Geist ausgießen werde; andererseits sagte er voraus, dass die Menschen den Namen des Herrn anrufen würden. Diese Weissagung erfüllte sich am Pfingsttag (Apg. 2:17a, 21). Gottes Ausgießen des Geistes bedarf unserer Mitwirkung durch das Anrufen Seines Namens.

DAS ANRUFEN WIRD VON DEN GLÄUBIGEN IM NEUEN TESTAMENT PRAKTIZIERT

Das Anrufen des Namens des Herrn wurde von den Gläubigen des Neuen Testaments seit dem Pfingsttag praktiziert (Apg. 2:21). Als Stephanus gesteinigt wurde, rief er den Namen des Herrn an (Apg. 7:59). Die Gläubigen des Neuen Testaments praktizierten das Anrufen des Herrn (vgl. Apg. 9:14; 22:16; 1.Kor. 1:2; 2.Tim. 2:22). Saulus von Tarsus hatte von den Hohepriestern Vollmacht bekommen, alle zu binden, die den Namen des Herrn anriefen (Apg. 9:14). Dieser Vers zeigt, dass die frühen Heiligen Jesus-Anrufer waren. Ihr Anrufen des Namens des Herrn war ein Zeichen, ein Merkmal dafür, dass sie Christen waren. Wenn wir zu denen werden, die den Namen des Herrn anrufen, wird unser Anrufen uns als Christen kennzeichnen.

Der Apostel Paulus betonte das Anrufen, als er den Römerbrief schrieb: „Es ist kein Unterschied zwischen Jude und Grieche, denn Er ist Herr über alle, und Er ist reich für alle, die Ihn anrufen; denn jeder, der den Namen des Herrn anrufen wird, wird errettet werden“ (Röm. 10:12–13). Auch im 1.Korintherbrief sprach Paulus vom Anrufen des Herrn, als er die Worte schrieb: „samt allen, die an jedem Ort den Namen unseres Herrn Jesus Christus anrufen, ihres und unseres (Herrn)“ (1.Kor. 1:2). Außerdem forderte er im 2. Timotheusbrief Timotheus dazu auf, den Dingen des Geistes nachzujagen „mit denen, die den Herrn aus reinem Herzen anrufen“ (2.Tim. 2:22). Anhand all dieser Verse können wir sehen, dass die Christen im ersten Jahrhundert die Gewohnheit hatten, den Namen des Herrn anzurufen. Im ganzen Alten Testament und auch in der Zeit der ersten Christen riefen die Heiligen den Namen des Herrn an. Wie bedauerlich es doch ist, dass es von den meisten Christen eine so lange Zeit vernachlässigt worden ist. Wir glauben, dass der Herr heute das Anrufen Seines Namens wiederherstellen will und dass Er will, dass wir es praktizieren, damit wir den ganzen Reichtum Seines Lebens genießen können.

DER ZWECK DES ANRUFENS

Weshalb müssen wir den Namen des Herrn anrufen? Die Menschen müssen den Herrn anrufen, um gerettet zu werden (Röm. 10:13). Ein leises Gebet hilft den Menschen zwar auch, gerettet zu werden, aber nicht in einem so reichen Maße. Ein lautes Anrufen des Herrn hilft den Menschen, auf eine reichere und gründlichere Weise gerettet zu werden. Deshalb müssen wir die Menschen dazu ermutigen, sich zu öffnen und den Namen des Herrn Jesus anzurufen. Psalm 116 sagt uns, dass wir der göttlichen Errettung teilhaftig werden können, indem wir den Herrn anrufen: „Den Becher der Rettungen will ich nehmen und den Namen des HERRN anrufen“ (V. 13). In diesem einen Psalm wird das Anrufen des Herrn viermal erwähnt (V. 2, 4, 13, 17). Wie wir schon gesehen haben, schöpfen wir Wasser aus den Quellen der Rettung, indem wir den Namen des Herrn anrufen (Jes. 12:2–4). Viele Christen haben den Herrn noch nie angerufen. Wenn du vor dem Herrn noch nie gerufen, ja sogar laut gerufen hast, ist es unwahrscheinlich, dass du den Herrn jemals reich genossen hast. „Ruft Seinen Namen an ... Jauchze [Schreie heraus] und juble [rufe laut] ..." (Jes. 12:4, 6). Versuche doch einmal, laut zu Ihm zu rufen. Auch wenn du noch nie über das, was der Herr für dich ist, laut gerufen hast, versuche es einfach einmal. Je mehr du rufst: „Herr Jesus, Du bist so gut zu mir!", desto mehr wirst du von deinem Selbst befreit und mit dem Herrn gefüllt werden. Tausende von Heiligen haben diese Befreiung erfahren und sind mit diesem Reichtum gefüllt worden, indem sie den Namen des Herrn anriefen.

Außerdem rufen wir den Herrn auch an, um aus Bedrängnis errettet zu werden (Ps. 18:7; 118:5), aus Not (Ps. 50:15; 86:7; 81:8), aus Drangsal und Kummer (Ps. 116:3–4). Selbst Menschen, die gegen das Anrufen des Herrn waren, haben selbst festgestellt, dass sie Ihn anriefen, als sie einer gewissen Not oder Krankheit ausgesetzt waren. Wenn wir keinerlei Schwierigkeiten in unserem Leben haben, sind wir vielleicht gegen das Anrufen des Herrn. Aber sobald die Schwierigkeiten kommen, braucht uns niemand mehr zu sagen, dass wir den Herrn anrufen sollen; wir werden es spontan tun.

Wir haben auch teil an der reichlich vorhandenen Barmherzigkeit des Herrn, indem wir Ihn anrufen. Je mehr wir Ihn anrufen, desto mehr genießen wir Seine Barmherzigkeit (Ps. 86:5). Außerdem rufen wir den Herrn an, um den Geist zu empfangen (Apg. 2:17a, 21). Der beste und einfachste Weg, mit dem Heiligen Geist erfüllt zu werden, ist das Anrufen des Namens des Herrn Jesus. Der Geist ist bereits ausgegossen worden, und wir brauchen Ihn nur noch zu empfangen, indem wir den Herrn anrufen.

In Jesaja 55:1 lesen wir: „... Auf, ihr Durstigen alle, kommt zum Wasser! Und die ihr kein Geld habt, kommt, kauft und esst! Ja, kommt, kauft ohne Geld und ohne Kaufpreis Wein und Milch!" Auf welche Weise kann man den Herrn essen und trinken? Die Antwort darauf gibt Jesaja uns im gleichen Kapitel in Vers 6: „Sucht den HERRN, während Er sich finden lässt! Ruft Ihn an, während Er nahe ist." Um also geistliche Nahrung zu unserer

Zufriedenstellung aufzunehmen, müssen wir den Herrn suchen und Seinen Namen anrufen.

In Römer 10:12 heißt es, dass der Herr reich ist für alle, die Ihn anrufen. Um den Reichtum des Herrn erfahren zu können, müssen wir Ihn anrufen. Der Herr ist nicht nur reich, sondern auch nahe und verfügbar, weil Er der Leben gebende Geist ist (1.Kor. 15:45b). Als der Geist ist Er allgegenwärtig; wir können daher Seinen Namen zu jeder Zeit und an jedem Ort anrufen. Wenn wir Ihn anrufen, kommt Er als der Geist zu uns, und wir genießen Seinen Reichtum.

Der ganze erste Korintherbrief handelt vom Genuss Christi; im zwölften Kapitel dieses Briefes sagt uns Paulus, wie man den Herrn genießt. Man genießt den Herrn, indem man Seinen Namen anruft (12:3; 1:2). Jedes Mal, wenn wir „Herr Jesus“ rufen, kommt Er Selbst als der Geist und wir trinken von Ihm (12:13) als dem Leben gebenden Geist. Rufe ich den Namen eines Menschen, so wird er – vorausgesetzt, es gibt ihn wirklich und er ist lebendig und anwesend – auch zu mir kommen. Der Herr Jesus ist Wirklichkeit, Er ist lebendig und anwesend! Er ist allezeit verfügbar. Wann immer wir Ihn anrufen, kommt Er zu uns. Möchtest du die Gegenwart des Herrn und Seinen ganzen Reichtum genießen? Rufe Seinen Namen an. Dies ist der beste Weg, Seine Gegenwart und Seinen Reichtum zu erfahren. Rufe Ihn an, wenn du auf der Autobahn fährst oder wenn du bei der Arbeit bist; überall und zu jeder Zeit kannst du Ihn anrufen. Der Herr ist dir nahe und ist reich für dich.

Durch das Anrufen des Namens des Herrn können wir uns auch selbst aufraffen. In Jesaja 64:6 heißt es: „Und da war niemand, der Deinen Namen anrief, der sich aufraffte, an Dir festzuhalten.“ Fühlen wir uns bedrückt oder niedergeschlagen, so können wir uns aufraffen, indem wir den Namen des Herrn Jesus anrufen.

WIE MAN ANRUFT

Wie sollen wir den Herrn anrufen? Wir sollen Ihn aus reinem Herzen anrufen (2.Tim. 2:22). Die Quelle unseres Anrufens, unser Herz, muss rein sein und soll nichts anderes als den Herrn allein suchen. Auch müssen wir mit reinen Lippen anrufen (Zeph. 3:9). Wir müssen auf unser Reden achten, denn nichts beschmutzt unsere Lippen mehr als Geschwätz. Wenn unsere Lippen durch Geschwätz verunreinigt sind, wird es uns schwer fallen, den Herrn anzurufen. Wir brauchen ein reines Herz, reine Lippen und dazu einen offenen Mund (Ps. 81:11). Wir müssen unseren Mund weit auftun und den Herrn anrufen. Außerdem müssen wir den Herrn gemeinsam anrufen, wie es in 2. Timotheus 2:22 heißt: „Die jugendlichen Begierden aber fliehe, strebe aber nach Gerechtigkeit, Glauben, Liebe, Frieden mit denen, die den Herrn aus reinem Herzen anrufen!“ Wir müssen zusammenkommen, um den Namen des Herrn anzurufen. In Psalm 88:10 lesen wir: „Zu Dir rufe ich, HERR, den ganzen Tag.“ Das bedeutet, wir sollten Seinen Namen täglich anrufen. Und in Psalm 116:2 heißt es: „An allen meinen Tagen werde ich Ihn anrufen.“ Solange wir leben, sollten wir den Namen des Herrn anrufen.

ES IST NOTWENDIG, DASS WIR PRAKTIZIEREN

Das Anrufen des Namens des Herrn ist nicht nur eine Lehre. Es ist sehr praktisch. Jeden Tag, ja jede Stunde müssen wir dies praktizieren. Wir sollten niemals aufhören, geistlich zu atmen. Unsere Hoffnung ist, dass noch viele vom Volk des Herrn anfangen, den Namen des Herrn anzurufen – besonders solche, die erst kurz gerettet sind. In unseren Tagen haben viele Christen entdeckt, dass sie den Herrn erkennen können, dass sie die Kraft Seiner Auferstehung und augenblickliche Errettung erfahren und in Einheit mit Ihm wandeln können, indem sie Seinen Namen anrufen. Rufe in jeder Situation und zu jeder Zeit: „Herr Jesus, o Herr Jesus!“ Wenn du Seinen Namen beständig anrufst, wirst du erleben, dass du so auf wunderbare Weise den Reichtum des Herrn genießen kannst.

KAPITEL FÜNF

DER SCHLÜSSEL ZUR ERFAHRUNG CHRISTI – DER MENSCHLICHE GEIST

„Wie ihr nun den Christus Jesus, den Herrn, empfangen habt, so wandelt in Ihm" (Kol. 2:6). Christus zu empfangen ist eine wunderbare Erfahrung, doch es ist nur ein Anfang, nur ein Vorgeschmack auf den Reichtum unseres Christus. Viele Christen haben das Verlangen, alles zu erfahren, was Christus ist, und in allem durch Ihn zu leben. Wir haben das Vertrauen, dass dieses kleine Heft eine Hilfe sein wird, um sie in die Erfahrung eines täglichen Wandels mit „Christus, unser Leben" (Kol. 3:4) zu bringen.

Beginnen wir mit einer Veranschaulichung. Bevor wir einen verschlossenen Raum betreten können, müssen wir den Schlüssel kennen und wissen, wie man ihn einsetzt. Genauso müssen wir, bevor wir in die Wirklichkeit der Erfahrung der Fülle Christi hineinkommen können, den Schlüssel kennen und wissen, wie man ihn einsetzt. Der Zweck dieser Broschüre ist es, auf diesen Schlüssel aufmerksam zu machen. Wenn wir den Schlüssel kennen und wissen, wie man ihn einsetzt, sind wir im Besitz des Geheimnisses, durch das wir die Tür zur Erfahrung der ganzen Fülle dieses reichen Christus, der unser Leben ist, öffnen können. Deshalb ist dieser Schlüssel von äußerster Wichtigkeit.

Ein sehr wichtiger Vers im Neuen Testament ist 1. Thessalonicher 5:23: „Er Selbst aber, der Gott des Friedens, heilige euch völlig; und vollständig möge euer *Geist* und *Seele* und *Leib* untadelig bewahrt werden bei der Ankunft unseres Herrn Jesus Christus!" Der Mensch besteht aus drei Teilen: dem Geist, der Seele und dem Leib. Dies sind *drei* verschiedene und getrennte Teile *eines* Menschen.

Es ist leicht, Leib und Seele zu unterscheiden – jeder weiß, dass diese Teile verschieden sind. Nicht so leicht aber fällt es uns Christen, die Seele vom Geist zu unterscheiden. In Wirklichkeit haben die meisten gedacht, der Geist und die Seele wären identisch. Doch in dem genannten Vers sagt der Geist Gottes in Seinem Wort deutlich, dass der Mensch aus drei Teilen besteht. Diese Teile werden mit zwei Bindewörtern verbunden: „Geist *und* Seele *und* Leib“.

Ein weiterer Vers, der einen Unterschied zwischen dem Geist und der Seele zeigt, ist Hebräer 4:12: „Denn das Wort Gottes ist lebendig und wirksam und schärfer als jedes zweischneidige Schwert und durchdringend bis zur Scheidung von Seele und Geist“. Die Seele und der Geist sind nicht ein und dasselbe, denn dieser Vers zeigt, dass sie voneinander geschieden werden können. Die Seele ist die Seele und der Geist ist der Geist, und diese beiden müssen voneinander getrennt werden.

Im Universum gibt es drei verschiedene Welten: die physische, die psychische und die geistliche Welt; und weil der Mensch aus drei Teilen besteht, ist er in der Lage, mit diesen drei Welten Kontakt aufzunehmen. Zuallererst gibt es die physische Welt mit allen ihren materiellen Dingen. Durch die fünf Sinne unseres Körpers nehmen wir mit der physischen Welt Kontakt auf: Wir hören, sehen, riechen, schmecken und tasten. Dann gibt es noch die geistliche Welt. Ist es für uns möglich, durch die fünf Sinne unseres Körpers mit der geistlichen Welt Kontakt aufzunehmen? Natürlich nicht. Mit der *geistlichen Welt* können wir nur durch *unseren Geist* Kontakt aufnehmen. In unserem Geist besitzen wir den geistlichen Sinn, durch den wir Gott wahrnehmen können.

Es gibt auch eine psychische Welt, die weder physisch noch geistlich ist. Angenommen, jemand gäbe dir eine große Geldsumme und du bist glücklich. Gehört diese Freude nun zur physischen oder zur geistlichen Welt? Glücklichsein, Freude und sogar Kummer gehören zur psychischen Welt. Das Wort *Psychologie* wird abgeleitet von dem griechischen Wort *psyche*, das im Neuen Testament mit *Seele* übersetzt ist. Psychologie bedeutet einfach „die Lehre von der Seele“. Es gibt also die psychische oder seelische Welt, in der es Freude und Kummer gibt. Der Mensch ist in drei Teilen geschaffen worden – dem Geist (Sach. 12:1), der

Seele (Jer. 38:16) und dem Leib (1.Mose 2:7) – damit er mit drei verschiedenen Welten Kontakt aufnehmen kann – mit der geistlichen, mit der psychischen und mit der physischen Welt.

Auch die Seele besteht aus drei Teilen. Einer davon ist das Gefühl (5.Mose 14:26; Hld. 1:7; Mt. 26:38); es ist im Gefühl, wo wir wünschen, lieben und hassen und Freude oder Kummer empfinden. Ein anderer Teil der Seele ist der Verstand (Jos. 23:14; Ps. 139:14; Spr. 19:2). Im Verstand haben wir Gedanken, Überlegungen, Ideen und Vorstellungen. Der dritte Teil der Seele ist der Wille (Hiob 7:15; 6:7; 1.Chr. 22:19), durch den wir Entscheidungen treffen. Unsere Freude oder unsere Traurigkeit sind demnach ein Ausdruck des Gefühls. Wenn wir etwas überlegen oder begründen, dann gebrauchen wir unseren Verstand. Und wenn wir eine Entscheidung treffen, etwas Bestimmtes zu tun, dann arbeitet unser Wille. Der Verstand, der Wille und das Gefühl sind die drei Teile der Seele. Mit dem Verstand denken wir, mit dem Willen wählen wir und mit dem Gefühl mögen wir oder mögen wir nicht, lieben oder hassen wir.

Wenn wir mit der psychischen Welt Kontakt aufnehmen, setzen wir die Seele ein, den psychischen Teil unseres Seins. Das gleiche Prinzip gilt in der geistlichen Welt. Wenn wir mit etwas Geistlichem Kontakt aufnehmen wollen, müssen wir *unseren Geist* gebrauchen. Ich will es folgendermaßen veranschaulichen. Angenommen, jemand redet und benutzt dabei seine Stimme. Seine Stimme ist zwar durchaus real, aber wenn du deine Ohren verschließt und dich stattdessen bemühst, seine Stimme mit den Augen zu sehen, wirst du es nicht können. Du gebrauchst das falsche Organ. Wollen wir den Klang seiner Stimme hören, so müssen wir das Gehör gebrauchen. Das gleiche Prinzip gilt für das Unterscheiden von Farben. Du kannst etwas Buntes vor dir haben, Blau, Grün, Rot und viele andere schöne Farben – aber wenn du deine Ohren benutzen willst, um diese Farben zu hören, wirst du ihre Schönheit niemals genießen können. Die Substanz der Farben ist zwar vorhanden, aber man kann sie nicht sehen, weil das falsche Organ eingesetzt wird.

Wie nun können wir mit Gott Kontakt aufnehmen? Welches Organ gebrauchen wir? Zuerst müssen wir sehen, was für eine

Substanz Gott ist. 1. Korinther 15:45, 2. Korinther 3:17, Johannes 14:16–20 und 4:24 sagen uns, dass Gott Geist ist. Können wir durch unseren Körper mit Gott Kontakt aufnehmen? Nein! Dies ist das falsche Organ. Können wir durch das psychische Organ, die Seele, mit Gott Kontakt aufnehmen? Nein! Dies ist auch nicht das richtige Organ. Wir können mit Gott nur *durch unseren Geist* Kontakt aufnehmen, *weil Gott Geist ist*. In Johannes 4:24 heißt es: „Gott ist Geist, und die Ihn anbeten, müssen in Geist ... anbeten." Dies ist ein sehr wichtiger Vers. Im Englischen wird hier das Wort *Geist* beim ersten Mal groß und beim zweiten Mal klein geschrieben, weil es sich beim ersten Mal auf den göttlichen Geist, auf Gott Selbst, das zweite Mal jedoch auf den menschlichen Geist bezieht. Gott ist Geist, und wir müssen Ihn in unserem Geist anbeten. Wir können weder mit unserem Leib noch mit unserer Seele mit Ihm Kontakt aufnehmen oder Ihn anbeten. Da Gott Geist ist, müssen wir in und durch unseren Geist mit Ihm Kontakt aufnehmen, Ihn anbeten und mit Ihm Gemeinschaft haben.

Sehen wir uns noch einen anderen Vers an, in dem von diesen beiden Geistern die Rede ist: „Was aus dem Geist geboren ist, ist Geist" (Joh. 3:6). Wir alle wissen zwar, dass wir wiedergeboren sind, aber was ist damit eigentlich gemeint? Es bedeutet einfach, dass unser Geist durch den Geist Gottes wiedergeboren worden ist: Was aus dem Geist (dem Geist Gottes) geboren ist, ist Geist (der menschliche Geist). Dieser Vers sagt uns, *wo* wir wiedergeboren werden. Wir werden weder in unserem Körper noch in unserer Seele wiedergeboren, sondern in unserem Geist. Als wir an den Herrn Jesus als unseren Erlöser glaubten, kam der Geist Gottes, der Heilige Geist, in unseren Geist hinein. Der Heilige Geist belebte und gab Leben, um unseren Geist wiederzugebären. In dem Augenblick, als wir an den Herrn Jesus glaubten, kam der Heilige Geist samt Christus als Leben in unseren Geist hinein, um ihn zu beleben und wiedergebären, und seitdem wohnt Er in unserem Geist (Joh. 4:24; Röm. 8:16; 2.Tim. 4:22; 1.Kor. 6:17).

Jesus Christus ist auf diese Erde gekommen und hat hier dreiunddreißigeinhalb Jahre lang das Leben eines Menschen gelebt. Danach wurde Er um unserer Sünden willen gekreuzigt; Er starb, wurde auferweckt und wurde zu einem Leben gebenden Geist

(1.Kor. 15:45). Im zweiten Korintherbrief lesen wir entsprechend: „Der Herr [Christus] aber ist der Geist" (3:17). Wir müssen Gott dafür viel Lobpreis darbringen, dass Christus, der Leben gebende Geist, in uns hineingekommen ist. Wir wurden als Gefäße oder Behälter geschaffen, die aus Leib, Seele und Geist bestehen. Es ist unser menschlicher Geist, in den Christus als der Leben gebende Geist hineingekommen ist. Die zuvor zitierten Verse lassen klar erkennen, dass Gott Selbst jetzt in unserem Geist wohnt. Erinnert euch jedoch daran, dass dieser Gott nicht nur Gott ist, sondern Jesus Christus. Alles, was Christus ist, alles, was Er getan und erlangt und vollbracht hat, ist in diesem Leben gebenden Geist enthalten. Und dieser Geist ist jetzt in uns hineingekommen und ist mit unserem Geist vermengt, und vereinigt uns dadurch mit dem Herrn als ein Geist: „Wer aber dem Herrn anhängt, ist ein Geist" (1.Kor. 6:17). Preist Ihn, wir sind eins mit dem Herrn in unserem Geist! Wenn wir wissen, wie *wir uns zu unserem Geist wenden können*, können wir mit Christus Kontakt aufnehmen. *Dies ist das Geheimnis! Dies ist der Schlüssel!*

Ungläubige haben nur ein physisches Leben im Leib und ein menschliches oder psychisches Leben in ihrer Seele. Sie haben nicht das ewige Leben Gottes in ihrem Geist, weil sie nicht Christus als das ewige Leben in ihren Geist hinein aufgenommen haben. Deshalb können Ungläubige nur durch ihre Seele oder durch ihren Leib leben. Vor unserer Errettung lebten und wandelten wir alle in unserer Seele. Die Seele war der bestimmende Teil unseres Seins. Jetzt aber, nachdem wir gerettet sind, besitzen wir in uns ein anderes Leben, und dieses Leben ist Christus Selbst. Wir müssen nun lernen, durch dieses Leben zu leben. Daher geht es heute für uns darum, dass unser ganzer Lebenswandel eine andere Richtung bekommt, dass wir uns von unserer Seele zu unserem Geist wenden. Vor unserer Errettung lebten wir durch das menschliche Leben in unserer Seele. Seitdem wir gerettet sind, müssen wir durch das göttliche Leben in unserem Geist leben.

Sehen wir jetzt, wie notwendig es ist, dass wir uns allezeit zu unserem Geist wenden? Christus ist in unserem Geist, und wenn wir Ihm begegnen wollen, müssen wir uns zu unserem Geist wenden. Bevor wir irgendetwas tun, irgendwohin gehen oder irgendetwas sagen, müssen wir uns zu unserem Geist wenden. Was für eine Veränderung gäbe es doch in unserem Leben, wenn wir dies lernen würden!

Dies ist wirklich wunderbar! Christus ist der Geist, wir haben einen Geist, und diese beiden Geister sind als ein Geist vereinigt! Indem wir uns zu unserem Geist wenden und ihn üben oder einsetzen, können wir die Wirklichkeit alles dessen, was Christus für uns ist, erfahren. Im 1. Timotheus 4:7–8 fordert der Apostel Paulus uns dazu auf, uns in der Gottseligkeit, in den göttlichen Dingen, zu üben. Vielleicht machen einige Brüder täglich etwas Sport oder Gymnastik für ihren Leib. Dies ist gut; selbst Paulus sagte, dass leibliche Übung einen gewissen Nutzen hat. Sie ist gut, jedoch nur bis zu einem gewissen Grad. Paulus beschreibt uns eine andere Art von Übung, die für immer gut ist – für heute und für die Ewigkeit! Deshalb sollten wir dieser zweiten Art von Übung, der Übung unseres Geistes, mehr Beachtung schenken.

Woher wissen wir, dass Übung in der Gottseligkeit bedeutet, den Geist zu üben? Lasst uns die Sache zunächst von der Logik aus betrachten. Paulus spricht von zwei Arten der Übung: die eine ist die des Körpers, doch was ist die andere? Etwa die Übung unseres Verstandes, die psychische oder seelische Übung? Es ist offensichtlich, dass wir von dieser Art Übung alle schon genug gehabt haben: in der Grundschule, in der Sekundarstufe, in der Berufsschule oder auch an der Universität. Schon von frühester Kindheit an haben wir unseren Verstand geübt und gelernt, ihn zu gebrauchen; diesen Teil unseres Seins verstehen wir nur allzu gut zu aktivieren. Welche Art von Übung neben der leiblichen Übung und der des Verstandes brauchen wir wirklich? Unwillkürlich müssen wir antworten: die Übung unseres Geistes.

Wir müssen erkennen, dass es für uns als Christen nicht darum geht, *was* wir tun, sondern *wie* wir es tun. Ist die Triebfeder unseres Handelns unser Körper, unsere Seele oder unser Geist? Viele Geschwister kommen einfach nicht darauf, ihren Geist einzusetzen. Fortwährend setzen sie ihren Verstand ein, ihr Gefühl und ihren Willen oder ihren Leib, doch ihren Geist gebrauchen sie nicht. Ob wir beten, etwas erzählen, ein Gespräch führen oder die Bibel lesen, ob wir etwas durchdenken oder besprechen oder ob wir argumentieren – meistens geht alles von unserer Seele aus. Sogar das Wort der Schrift können wir aus unserer Seele heraus zitieren! Jetzt aber ist es Zeit, zu unserem Geist zurückzukehren. Wir müssen zurückkommen!

Wenn wir beispielsweise im Gebet an den Herrn herantreten oder wenn wir zum Wort Gottes kommen, um Ihn darin zu berühren, dann müssen wir unser seelisches Leben (unsere Gedanken, Gefühle und Wünsche) zurückweisen und uns zu unserem Geist wenden, um Ihn zu berühren und Gemeinschaft mit Ihm zu haben. Wir können Christus niemals begegnen, indem wir die Fähigkeiten unserer Seele einsetzen. Christus befindet sich in unserem Geist und nicht in unserer Seele. Wir können Ihm nur dann begegnen, wenn wir unseren Geist gebrauchen. Natürlich sollen wir nicht denken, der Herr verlange von uns, unsere anderen Fähigkeiten wie den Verstand, das Gefühl und den Willen aufzugeben. Nein! Verstand, Gefühl und Wille sind von Gott geschaffen, um zu Seiner Ehre gebraucht zu werden. Doch der Herr fordert uns auf, dass wir den gefallenen, adamitischen Verstand, das gefallene, adamitische Gefühl und den gefallenen, adamitischen Willen nicht mehr zum Mittelpunkt unseres Lebens machen und das Leben Christi in unserem Geist die Herrschaft über uns gewinnen lassen. Der Verstand, das Gefühl und der Wille haben bei uns so sehr Schaden gelitten, dass der natürliche Mensch nicht imstande ist, mit Gott Kontakt aufzunehmen oder gar mit Ihm Gemeinschaft zu haben. „Ein natürlicher [seelischer] Mensch aber nimmt nicht an, was des Geistes Gottes ist" (1.Kor. 2:14). Deshalb brauchten wir ja die neue Geburt in unserem Geist (Joh. 3:6–7).

Vor der Errettung waren wir hundertprozentig gefallen. Wir lebten in diesem und durch dieses gefallene seelische Leben, das völlig gegen Gott eingestellt war. Wir müssen lernen, niemals etwas aus der Quelle dieses gefallenen Lebens heraus zu tun, sondern ganz durch das göttliche Leben zu leben, das in unserem Geist ist. Von nun an dürfen wir niemals mehr unser gefallenes Leben in der Seele als die Quelle für unsere Lebensführung nehmen, sondern nur das göttliche Leben in unserem Geist. Wir müssen erkennen, dass es nicht der Verstand, das Gefühl und der Wille sind, die abgelehnt und vernichtet werden müssen; vielmehr ist es das *Leben* der Seele, das wir aufgeben müssen. Wir müssen erkennen, dass dieses *natürliche, seelische Leben* schon gekreuzigt worden ist (Gal. 2:19–20; Röm. 6:6) und dass wir jetzt Christus als unser Leben nehmen müssen. Doch die Fähigkeiten unserer Seele bleiben bestehen. Sie sind Werkzeuge, die vom Geist Gottes gebraucht werden können, um den Herrn Selbst zum Ausdruck zu bringen.

Wir müssen uns auch darüber im Klaren sein, dass wir unseren Geist nicht nur im Gebet üben sollen oder wenn wir zum Wort Gottes kommen, sondern vielmehr in allen Dingen. Wenn du keine Bestätigung oder kein Empfinden in deinem Geist hast, dann tue das nicht, was du gerade tun willst, und sage nicht, was du gerade sagen willst, ungeachtet dessen, ob es gut oder schlecht ist. Wir brauchen nicht zu fragen: „Ist es gut oder ist es böse?" So sollten Christen nicht leben! Unsere einzige Überlegung sollte sein: „Bin ich im Geist oder in der Seele? Tue ich dies durch mich selbst oder durch den Herrn?" Wenn wir den Ausdruck „durch den Herrn" benutzen, dann sprechen wir nicht auf eine objektive Weise vom Herrn, sondern auf eine sehr subjektive Weise. Wir meinen dabei Ihn als den Leben gebenden Geist, der mit unserem Geist zu einem Geist vermengt ist. Zu jeder Zeit und wo immer wir sind, müssen wir unseren Geist üben.

Seele und Körper zu unterscheiden ist einfach, den Geist aber von der Seele zu unterscheiden, ist ziemlich schwierig. Die folgende Veranschaulichung kann uns dabei eine Hilfe sein. Angenommen, wir möchten etwas Bestimmtes kaufen. Je mehr wir darüber nachdenken, desto mehr festigt sich in uns die Entscheidung, dass wir es haben wollen, und am Ende beschließen wir, es zu kaufen. Das Gefühl ist in Bewegung versetzt, weil uns diese Sache so gut gefällt, der Verstand ist aktiv, weil wir den Kauf erwogen haben, und ebenso der Wille, weil wir uns entschlossen haben, sie zu kaufen. Die ganze Seele also wird geübt. Aber während wir hingehen, um es zu kaufen, steht tief in unserem Inneren etwas dagegen auf und verbietet es uns. Dies ist der Geist. Der Geist ist der tiefste und innerste Teil unseres ganzen Seins. In unserer gesamten Lebensführung müssen wir diesem innersten Bewusstsein in uns folgen.

Ist es nicht allen offensichtlich, dass die meisten Christen dieses Ziel verfehlt haben? Immer sind wir dabei, „richtig“ und „falsch“ gegeneinander abzuwägen. Wir denken so: Ist etwas falsch, dann dürfen wir es nicht tun; ist es dagegen richtig, so müssen wir es tun. Doch so sollte man es nicht machen. Richtig und falsch ist die Lehre der Religion. Wenn wir uns aber nach der Religion richten, dann ist Christus ohne Wert. Wenn es darum geht, Christus und Gottes Errettung zu erfahren, ist dies etwas völlig anderes als Religion. Es geht nicht um richtig oder falsch, sondern darum, ob wir in der Seele oder im Geist leben und handeln. Dieses Ziel hat das Christentum verfehlt und sogar verloren. Der Herr stellt dieses Ziel heute jedoch wieder her, denn es ist der „Schlüssel“ für alle Dinge.

In allem, was wir tun oder sagen, müssen wir nur erkennen, ob wir im Geist oder in der Seele sind. Es geht nicht um richtig oder falsch und gut oder schlecht, sondern darum: um Christus oder um das Selbst, um den Geist oder um die Seele. Wir müssen prüfen, ob unser ganzes Leben und unser täglicher Wandel in unserem Geist ist.

Der Herr Jesus fordert uns in allen vier Evangelien – Matthäus, Markus, Lukas und Johannes – dazu auf, unser Selbst zu verleugnen und die Seele mit ihrem seelischen Leben aufzugeben (Mt. 16:24–26; Mk. 8:35; Lk. 9:23–25; Joh. 12:25). Und in den Briefen werden wir dann immer wieder aufgefordert, im Geist zu wandeln, zu leben, zu beten und alles im Geist zu tun (Apg. 17:16; Röm. 1:9; 12:11; 1.Kor. 16:18; 1.Petr. 3:4; Eph. 6:18 und Offb. 1:10). Deshalb müssen wir beständig in unserem Geist bleiben.

Wenn jemand seinen Geist übt, erhält der Heilige Geist die Freiheit, Sich zu bewegen und zu fließen. Dies aber ist ein wirklicher Kampf, denn Satan weiß, dass er geschlagen sein wird, wenn wir alle unseren Geist befreien. Er greift genau am strategischen Punkt an, indem er versucht, den Geist der Heiligen zu ersticken. Solange er unseren Geist ersticken kann, sind wir erledigt und er ist erfolgreich. Deshalb müssen wir diesen Kampf kämpfen. Wir müssen lernen, uns darin zu üben, unseren Geist jederzeit und überall zu befreien. Ob wir allein sind oder unter Menschen – immer müssen wir unseren Geist üben.

Zum Abschluss: Erstens gilt es zu sehen, dass Christus der Geist in unserem Geist ist. Dann müssen wir den Unterschied zwischen Geist und Seele erkennen, indem wir das seelische Leben in unserer Seele verleugnen und dem Herrn in unserem Geist folgen. Wenn wir auf diese Weise mit unserem Geist zusammenarbeiten, wird Christus in allen Dingen den ersten Platz einnehmen. Dann werden wir Christus in unserem Geist erfahren, wir werden lernen, Ihn in allem anzuwenden und Ihn in allem zu erfahren.

ÜBER ZWEI DIENER DES HERRN

Wir danken dem Herrn, dass der Dienst von Watchman Nee und seinem Mitarbeiter Witness Lee am Leib Christi mehr als 80 Jahre lang auf allen Kontinenten der Erde ein Segen für die Kinder des Herrn gewesen ist. Ihre Bücher sind in viele Sprachen übersetzt worden. Unsere Leser haben uns viele Fragen über Watchman Nee und Witness Lee gestellt und als Antwort auf ihre Fragen bieten wir hier einen kurzen Überblick über Leben und Werk dieser beiden Brüder.

Watchman Nee

Watchman Nee nahm Christus im Alter von siebzehn Jahren auf. Sein Dienst ist bei den suchenden Gläubigen auf der ganzen Welt bekannt. Viele haben durch seine Bücher über das geistliche Leben und die Beziehung zwischen Christus und Seinen Gläubigen Hilfe empfangen. Doch wenige kennen einen weiteren ebenso wichtigen Aspekt seines Dienstes, der die Praxis des Gemeindelebens und den Aufbau des Leibes Christi betont. Bruder Nee schrieb viele Bücher sowohl über das Christenleben als auch über das Gemeindeleben. Bis zum Ende seines Lebens war Watchman Nee eine Gabe vom Herrn zur Enthüllung der Offenbarung im Wort Gottes. Nachdem er zwanzig Jahre lang in Festlandchina im Gefängnis für den Herrn gelitten hatte, starb er 1972 als ein treuer Zeuge Jesu Christi.

Witness Lee

Witness Lee war der engste und bewährteste Mitarbeiter von Watchman Nee. 1925 erfuhr er im Alter von neunzehn Jahren eine dynamische Errettung und weihte sich dem lebendigen Gott, um Ihm zu dienen. Von da an begann er, intensiv die Bibel zu studieren. Während der ersten sieben Jahre seines Christenlebens stand er stark unter dem Einfluss der Plymouth-Brüder. Dann traf er Watchman Nee und wurde in den folgenden 17 Jahre (bis 1949) ein Mitarbeiter von Bruder Nee in China. Während des zweiten Weltkriegs, als China von Japan besetzt wurde, nahmen ihn die Japaner gefangen und so litt er für seinen treuen Dienst am Herrn. Der Dienst und das Werk dieser beiden Diener Gottes brachte eine große Erweckung unter den Christen in China hervor, die dann zur Ausbreitung des Evangeliums im ganzen Land und zum Aufbau von Hunderten von Gemeinden führte.

1949 rief Watchman Nee alle seine Mitarbeiter, die dem Herrn in China dienten, zusammen und beauftragte Witness Lee, den Dienst auf der Insel Taiwan – außerhalb des Festlandes – fortzusetzen. Durch Gottes Segen wurden dann auf Taiwan und in Südostasien in den folgenden Jahren mehr als hundert Gemeinden gegründet.

In den frühen 60-iger Jahren führte der Herr Witness Lee, in die Vereinigten Staaten von Amerika umzuziehen, wo die Kinder des Herrn mehr als 35 Jahre lang von seinem Dienst und seiner Arbeit profitieren konnten. Seit 1974 lebte er in Anaheim, Kalifornien, bis er im Juni 1997 zum Herrn ging. Im Laufe der Jahre seines Wirkens in den Vereinigten Staaten von Amerika veröffentlichte er mehr als 300 Bücher.

Der Dienst von Witness Lee ist eine große Hilfe für suchende Christen, die eine tiefere Erkenntnis und Erfahrung des unausforschlichen Reichtums Christi haben möchten. Indem Bruder Lee die göttliche Offenbarung in der ganzen Schrift öffnet, zeigt er, wie man für den Aufbau der Gemeinde, die Sein Leib ist, die Fülle dessen, der alles in allem erfüllt, Christus erkennt. Alle Gläubigen sollten an diesem Dienst des Aufbaus des Leibes Christi teilhaben, damit der Leib sich selbst in Liebe aufbauen kann. Nur die Ausführung dieses Aufbaus kann den Vorsatz des Herrn erfüllen und Sein Herz zufriedenstellen.

Das Hauptmerkmal des Dienstes dieser beiden Brüder ist, dass sie die Wahrheit nach dem reinen Wort der Bibel lehrten.

Nachfolgend eine kurze Beschreibung der wichtigsten Glaubens-Grundsätze von Watchman Nee und Witness Lee:

1. Die heilige Bibel ist die vollständige Offenbarung, unfehlbar und gottgehaucht, wörtlich inspiriert vom Heiligen Geist.

2. Gott ist der eine Dreieine Gott – der Vater, der Sohn und der Heilige Geist – welche gleichzeitig existieren und gegenseitig ineinander wohnen von Ewigkeit zu Ewigkeit.

3. Der Sohn Gottes, d.h. Gott Selbst, wurde Fleisch, um ein Mensch namens Jesus zu sein, geboren von der Jungfrau Maria, um unser Erlöser und Retter sein zu können.

4. Jesus, ein echter Mensch, lebte dreiunddreißigeinhalb Jahre auf der Erde, um den Menschen Gott den Vater bekannt zu machen.

5. Jesus, der von Gott mit Seinem Heiligen Geist gesalbte Christus, starb am Kreuz für unsere Sünden und vergoss Sein Blut, um uns zu erlösen.

6. Jesus Christus wurde, nachdem Er drei Tage lang im Grab war, von den Toten auferweckt und fuhr vierzig Tage später in den Himmel auf, wo Gott Ihn zum Herrn über alle machte.

7. Nach Seiner Auffahrt goss Christus den Geist Gottes aus, um Seine auserwählten Glieder in Seinen Leib hineinzutaufen. Heute bewegt sich dieser Geist auf der Erde, um Sünder zu überführen, um Gottes auserwähltes Volk wiederzugebären, indem Er das göttliche Leben in sie hineingibt, um in den Gläubigen an Christus für ihr Wachstum im Leben zu wohnen und um für Seinen vollen Ausdruck den Leib Christi aufzubauen.

8. Am Ende dieses Zeitalters wird Christus wiederkommen, um Seine Gläubigen zu Ihm zu nehmen, um die Welt zu richten, um von der Erde Besitz zu ergreifen und um Sein ewiges Reich aufzurichten.

9. Die überwindenden Heiligen werden im Tausendjährigen Königreich mit Christus herrschen, und alle, die an Christus glauben, werden im Neuen Jerusalem im neuen Himmel und auf der neuen Erde in Ewigkeit an den göttlichen Segnungen teilhaben.

Informationen über weitere Niederlassungen:

Diese Veröffentlichung wurde in deinem Gebiet von Rhema, einer gemeinnützigen Organisation, verteilt, die ihren Sitz in Seattle, WA, U.S.A. hat. Mehr Informationen über weitere kostenlose christliche Veröffentlichungen von diesen Autoren erhältst du bei einer der folgenden Adressen:

Rhema Literature Distributors
P.O. Box 31651
Seattle, WA 98103
U. S. A.
Seattle@RhemaBooks.org

Rhema Trust
P.O. Box 2746
Romford, RM7 1AX
UNITED KINGDOM
London@RhemaBooks.org

Rhema Foundation
P.O. Box 22
02-783 Warsaw 59
POLAND
Warsaw@RhemaBooks.org

Rhema
Berlin@RhemaBooks.org

www.RhemaBooks.org